KB128720

잘되는 학원, 브랜딩으로 승부하라

잘되는 학원, 브랜딩으로 승부하라

학원장이 꼭 알아야 할 4가지 차별화 전략

초 판 1쇄 2024년 06월 04일

기　획 전명희
지은이 이현진, 김지운, 김수연, 김수진
펴낸이 류종렬

펴낸곳 미다스북스
본부장 임종익
편집장 이다경, 김가영
디자인 윤가희, 임인영
책임진행 이예나, 안채원, 김요섭, 임윤정

등록 2001년 3월 21일 제2001-000040호
주소 서울시 마포구 양화로 133 서교타워 711호
전화 02) 322-7802~3
팩스 02) 6007-1845
블로그 http://blog.naver.com/midasbooks
전자주소 midasbooks@hanmail.net
페이스북 https://www.facebook.com/midasbooks425
인스타그램 https://www.instagram.com/midasbooks

ⓒ 이현진, 김지운, 김수연, 김수진, 미다스북스 2024, *Printed in Korea*.

ISBN 979-11-6910-662-7 03190

값 18,000원

※ 파본은 본사나 구입하신 서점에서 교환해드립니다.
※ 이 책에 실린 모든 콘텐츠는 미다스북스가 저작권자와의 계약에 따라 발행한 것이므로 인
　　용하시거나 참고하실 경우 반드시 본사의 허락을 받으셔야 합니다.

미다스북스는 다음세대에게 필요한 지혜와 교양을 생각합니다.

• 학원장이 꼭 알아야 할 4가지 차별화 전략 •

잘되는 학원, 브랜딩으로 승부하라

이현진 김지운 김수연 김수진

미다스북스

프롤로그

나만의 것이 살아남는다

우리나라의 2013년 출산율은 1.13명이었는데 2023년 잠정 출산율은 0.72명에 불과합니다. 출산율 저하에 따라 아이와 관련된 모든 것이 줄고 있는데 학원은 늘고 있다는 통계가 있습니다. 전국 17개 시도 학원 수는 2020년 8만 6,023개에서 2022년 9만 1,373개로 2년 만에 5,350개(6.2%)나 증가했다고 합니다. 아마 가정에서 한 명뿐인 자녀를 위해 교육에 대해 더 전문적이고 집중적인 지원을 하고 싶은 마음이 반영된 것이 아닐까 싶습니다.

학생은 줄고 학원은 늘었으니 학원 입장에서 보면 경쟁이 훨씬 치열해진 것입니다. 이제는 성적을 올리는 것만으로는 학부모의 마음을 사로잡지 못하는 시대가 되었다고 봐야 합니다. 자신만의 강점과 전략이 있어야 합니다.

이 책에 나오는 4명의 원장은 각자의 강점을 강력한 브랜딩 요소로 삼아 차별화 전략에 성공한 사례를 이야기하고 있습니다.

이현진 제이제이리딩 어학원 원장은 갑자기 닥친 가정의 어려움으로 앞을 볼 수 없는 깜깜한 터널 같은 시간을 보내야 했지만 반짝반짝 빛나는 자신의 꿈을 절대 포기하지 않고 꿋꿋하게 일어나 끝내 자신의 길을 만들어 낸 경험이 있습니다. 그는 오늘도 학원을 찾는 학생들이 자신만의 가능성을 발견해 꿈이 삶을 이끌어가기를 소망하며 최선을 다해 지도하고 있습니다.

더포스둔산학원 김지운 원장은 최고 학부가 원하는

미래 인재는 생각의 그릇이 큰 사람이 될 것이라 예견하고 독서 교육에 집중한 결과 특목고와 서울 상위권 대학에 많은 학생들을 합격시키고 있습니다. 그가 주장하는 '독서가 곧 공부'라는 철학은 역사를 지탱해 온 지혜인 동시에 미래를 대비하는 통찰이 되고 있습니다.

서울매쓰플러스학원 원장이자 김포셀파우등생학원 대표인 김수연 원장은 무엇보다 중요한 것은 초등 공부 습관이라고 강조하며 첫걸음부터 정상에 오를 때까지 함께하겠다는 신념으로 학생들을 맞이하고 있습니다. 셀파우등생학원이라는 이름이 히말라야 등반대와 끝까지 함께하는 셰르파에서 따온 것을 볼 때 간절하기까지 한 그의 염원과 애정을 알 수 있습니다.

브레인국어논술 원장인 동시에 브레인학원마케팅 대표인 김수진 원장은 21년 차 교육전문가로서 본인이 가지고 있는 교육의 핵심 가치를 어떻게 해야 고객인 학부모와 학생들에게 정확히 전달할 수 있는지 고민하는 사람입니다. 다양하고 왕성한 활동으로 영향력의 범위를 넓혀나가며 그를 믿고 찾아오는 학생들에게 성적과 감동으로 보답하고자 노력하고 있습니다.

브레인학원마케팅 대표 김수진

CONTENTS

가능성을 깨워라

이현진

내 안의 빛나는 나를 깨워라

COMPETE WITH BRANDING

1. 절망의 끝에서만 보이는 것

"너 내가 그렇게 안 키웠다. 내가 너 하나 키우려고 그 고
생을 다 견뎠는데, 네가 어떻게 나한테 그럴 수가 있니!"

나는 엄마가 나에게 이럴까 봐 늘 두려웠다. 물론 우리
엄마는 내게 한 번도 이렇게 말하지 않았다. 하지만 무슨
이유에선지 나는 아직도 엄마의 주름진 손이, 제대로 치
료받지 못해서 툭 불거져 나온 발목이, 모든 고난의 결과
물들이 다 내 잘못인 것만 같다. 아마 엄마가 말은 하지
않지만 속으로는 저렇게 외치고 있을 거라는 생각 때문이
었을까.

친아빠는 내가 두 살 때 교통사고로 돌아가셨다. 갑작스런 사고로 나를 혼자서 떠안게 된 엄마는 이렇다 할 보금자리도 없이 혼자서 나를 키워 내셨다.

다 쓰러져가는 가판대 떡볶이집, 비자금을 탈탈 털어 시작한 10평짜리 만화방, 동네 구석에 자리 잡았던 조그마한 빵집…. 싱글맘의 고군분투는 쉼 없이 이어졌다. 그래도 엄마는 나를 최선을 다해서 키웠다. 생활 형편이 어려워 초등학교 졸업장도 못 받아 보고 살림을 책임졌던 우리 엄마. 그 한을 내 교육으로 풀어 보시려 한 것일까. 나는 어려서부터 남들이 다니는 학원은 물론, 쉽게 접하지 못하는 바이올린, 발레, 피겨스케이트, 심지어 탈춤까지 배울 수 있었다.

하지만 어디를 가도 '아빠 없는 아이'라는 보이지 않는 이름표가 나에게 붙어 있었다. 나는 자기들 마음대로 나를 규정해 놓은 틀에서 벗어나고 싶었다. 다르다는 것을 보여 주고 싶었다. '엄마 혼자 키워도 훌륭한 아이'가 되고 싶었던 나에게 사춘기 시절은 매일매일이 도전이었고, 나 자신을 증명해 내야 하는 시간이었다.

  내가 초등학교 4학년 때 엄마는 새아빠를 만나 재혼을 했다. 새아빠, 새아빠가 데려온 남동생, 새 학교, 새 보금 자리, 새로운 사람들…. 모든 것을 다 훌훌 털어 버리고 엄마는 새출발을 하고 싶으셨던 것이다. 그러나 기대 가 득했던 재혼 생활은 비참했다. 〈사랑과 전쟁〉에 나올 법 한 사기 결혼을 당한 것이다. 재혼 전에 약속되었던 안정 된 직장과 아파트는 모두 거짓이었다. 결국 집, 차, 가구 등 모든 것을 엄마가 12년간 모아 온 비자금으로 마련해 야 했다.

  그것이 다가 아니었다. 폭력에 휘말려 학교 선생님께 매일 같이 엄마를 불려가게 했던 새아빠가 데려온 남동 생, 매일 같이 벌어지는 술판과 술주정, 끊임없는 싸움과 부서져 나가는 살림들. 그 와중에 엄마는 아기를 가졌다. 나는 지옥 같은 집을 벗어나고 싶었다. 중국집에서 아르 바이트를 하며 가족의 생활비를 벌던 엄마의 무너져가는 어깨를 외면하고 싶었다. '이기적이면 어때? 나의 불행은 내가 선택한 게 아니야. 이건 다 엄마가 초래한 거야.'라고 생각하며 어려운 형편에도 서울로 대학을 가는 선택을 했다. 학비와 생활비를 모두 의존할 수 없었기에 대학교를 6년이나 다녔고, 휴학 기간에는 아르바이트를 해서 생활비를 모았다. 학기 중에도 아르바이트를 멈추지 않았고 장학금을 타기 위해 공부도 열심히 했다.

눈에 안 보이면 잊힌다더니 더 이상 집 생각은 나지 않았다. 외로운 서울 생활이었지만 화려했고, 돈이 부족해서 선택의 제한은 있었지만 그마저도 달콤했다. 대학 졸업 직전에 소위 말하는 이름 있는 대형 어학원에서 강사 생활을 시작했다. 의외로 내 적성에 잘 맞았던 강사 생활은 나름 만족스러웠고 그렇게 평범한 일상이 흘러갔다. 그런데 참 그 평범한 시간이 불안했다. 다시 가족에게 돌아가는 것이 끔찍이도 싫었던 나는, 절대 하지 말았어야 할 선택을 하고야 말았다. '결혼'을 나의 문제를 해결해 줄 '돌파구'로 삼았던 것이다.

두 살 때 돌아가신 친아빠, 가정에 대한 책임감이 없었던 술주정뱅이 새아빠. 나에게 제대로 된 남자를 보여 줄 사람은 없었다. 바람직한 결혼에 대한 모습을 가르쳐 주는 사람도 없었다. 그렇다고 나 스스로 결혼에 대해 깊이 생각해 본 것도 아니었다. 그러면서도 그냥 남들이 다 하니까, 새로운 가정을 꾸리면 현실로부터 도망칠 수 있을 것 같아서 결혼을 선택해 버린 것이다. 남편은 나와는 180도 다른 사람이었다. 성실하고 가정교육을 잘 받았고 무엇보다 마음이 사랑으로 충만한 사람이었다. 하지만 '좋은 사람'과 '나에게 좋은 사람'은 같은 것이 아니었다. 나 자신에 대한 이해가 부족했던 상황에서 선택한 결혼은 첫 번째 남편에게 지우지 못할 상처만 남기고 3년 만에 이혼으로 결론이 났다. 이혼은 100퍼센트 온전히 나의 잘못이었다. 남편에게 집을 포함하여 모든 것을 남기고 나는 떠났다.

내 몸뚱이 하나와 피폐해진 정신으로 도착한 곳은 다름 아닌… 엄마의 원룸이었다. 엄마는 본인의 지긋지긋한 결혼 생활을 청산하려고 집을 나와 혼자 원룸에서 생활하고 계셨다. 일분일초도 행복한 적이 없었던 엄마의 결혼 생활…. 금쪽같은 딸이 결혼해서 독립만 하면 본인의 결혼을 정리하리라 다짐하며 그 세월을 억척같이 견뎌 냈다고 하셨다. 그런데 그렇게 믿었던 딸이, 남들에게 똑부러지고 야무지다고 칭찬만 들었던 딸이 이혼을 결심하고 본인이 세들어 사는 원룸에서 같이 살겠다고 들어앉은 것이다. 이혼 그 자체도 물론 아팠고 힘들었지만, 무엇보다도 힘들었던 건 엄마를 실망시켰다는 죄책감이었다.

이혼녀. 30을 바라보는 나이에 이 몸 하나 누일 곳 없는 원룸살이. 모든 것이 절망으로 다가왔다. 어렸을 때부터 나 자신을 탐구하기보다는 타인의 평가에서 나의 행복을 찾았던 나는, 한없이 지하로 무너져 갔다. 낮 시간이 싫었고 친구를 만날 수가 없었으며 안부를 묻는 지인들의 시선이 두려웠다. 대략 석 달간을 엄마가 운영하는 편의점 야간 아르바이트를 하며, 앞으로 나는 어떻게 살아야 하는지, 아니 그것보다도 어떤 사람으로 살고 싶은지에 대해 치열하게 고민했다. 첫 번째 남편에게 큰 애정을 갖고 있었던 엄마는 나의 이혼 결정 이후 장장 일주일을 나와는 눈도 마주치지 않았다. 일주일의 잔인했던 침묵 후, 엄마는 내가 두려워했던 말을 하지 않고 의외의 말을 했다. 그 한마디는 아직도 나를 가슴 뛰게 한다.

"김 서방이 정말 착하고 좋은 사람이긴 하지만 너에게 좋은 남편은 아니야…. 너에게는 너를 보호해 주는 사람이 필요한 게 아니야. 너의 가치를 알아보고, 너의 성장을 지지해 줄 수 있는, 그런 부스터 같은 남자가 어울려."

그때 깨달았다. '그래, 이제부터는 남의 시선은 신경 쓰지 말자. 앞으로는 진정 내가 원하는 게 무엇인지, 내 행복이 무엇인지에 대해 가장 먼저 고민하자. 그리고 내가 좋아하는 것을 잘할 수 있게 실력을 더 키우자. 일단, 이 편의점에서 한 발짝 나가자!'

나는 나를 붙잡기로 했다. 무너진 나를 추스르며 다시 일어서기로 했다. 나의 멋진 모습을 기억하고 또 상상하며 그렇게 나는, 야간 편의점에서 나왔고, 다시 어학원의 문을 두드렸다.

실수로 가득했던 과거를 그대로 받아들이자. 원장 자신의
색깔을 스스로 파악하지 못하면, 나의 학원에 담고 싶은 색
깔을 제대로 담아내는 것은 불가능에 가깝다.

---

2. 너를 너 그대로 빛나게 해 줄 존재

'인생에서 가장 잘한 선택이 무엇인가?'

나는 이 질문에 지금까지 단연 '현재 남편과의 재혼'을 꼽았다. 나의 첫 번째 결혼은 순전히 나만의 잘못 때문에 끝이 났다. 이유가 무엇이었을까? 그렇게 착하고 훌륭하며 주변 모든 이들이 칭찬만 하는 남자와의 결혼이 왜 나에게는 잘못된 선택이 되었던 것일까? 이유는 단 하나다. 인생에서 가장 중요한 '나'를 결혼할 때 빼 버렸기 때문이다. 나를 끔찍한 집에서 구해 줄 사람, 양아버지의 폭력과 무능에서 나를 꺼내 줄 사람, 울타리 같은 존재가 되어 나를 지켜 줄 사람을 만나 나는 그 안에서 보호받으며 적당히 행복해하는 추상적인 모습을 그리며 결혼했다. 결혼이 탈출구가 될 것만 기대했지 결혼할 사람에 대해서도, 심지어는 나에 대해서도 진지하게 생각해 본 적이 전혀 없었던 것이다.

나는 첫 번째 결혼을 통해 사람은 반드시 인생의 주체가 되어 자신의 상태와 감정을 정확히 인지할 수 있어야 한다는 것을 깨닫게 되었다. 그래야 정확한 판단과 결정을 할 수 있기 때문이다. 막연한 희망에 기대어 어떻게든 되겠지 하는 것은 내가 결정한 것이 아니기에 끝까지 책임질 수 없는 상황을 만들 뿐이다.

두 번째 결혼에 대해 나는 신중했다. '단지 결혼하면 내 삶이 행복하게 바뀌겠지, 문제는 다 해결되고 이런 것 저런 것을 얻게 되겠지' 하는 막연한 기대는 더 이상 하지 않았다. 그보다는 그 사람과 함께 있는 시간 자체가 좋은지, 몇 시간이고 아무것도 아닌 주제로 떠들며 즐거워할 수 있는지, 어묵에 호떡만 먹어도 깔깔거리며 내일을 함께 꿈꿀 수 있는지를 먼저 생각했다. '결혼하면~~'이라는 전제 없이 바로 지금 서로를 위해 헌신하고 행복을 향해 가고 있는지를 깊이 생각해 봤다. 그런 고민 끝에 결혼을 결정했다.

지금의 남편은 내가 어렸을 때부터 꿈꿔 온 남편상과는 180도 다른 사람이다. 베트남계 미국인인 남편은 나와 달라도 너무나 다르다. 자유로운 영혼을 가졌고 주체성이 강한 사람이다. 자신이 원하는 게 무엇인지 알고 어떻게 그것을 가질 수 있는지 연구한다. 무엇이든 대충이고 마무리가 부족한 나의 단점을 끊임없이 지적해서 나를 화나게 하지만 결론적으로는 내가 성장할 수 있게 조언과 지지를 아끼지 않는 사람이기도 하다.

나는 재혼, 남편은 초혼이었던 우리의 결혼 생활은 광주시청에서의 혼인신고로 시작되었다. 남들 다 하는 결혼식, 나는 한 번 해 봤지만 남편은 하지 못했다. 남편도 왜 결혼식을 하고 싶은 마음이 없었겠는가? 투정 한 번쯤 부릴 수 있었던 상황에서도 남편은 담담했다. 어렸을 때부터 자립심이 강했던 남편은 대출받은 대학 등록금과 학비를 갚느라 저축할 돈이 부족했다. 그나마 남아 있던 몇백만 원으로 프러포즈용 반지를 샀다고 했다.

그렇게 시작된 결혼 생활은 빈곤했지만 희망으로 가득했다. 월세로 얻은 신혼집은 좁았다. 거기에 우리 부부와 엄마가 함께 살게 되었기 때문이다. 방 한 칸에 세 식구의 모든 짐을 몰아넣고, 다른 공간에는 최소한의 살림만 두었다. 왜냐하면 우리 부부가 돈을 버는 일이 공부방이었기 때문이다. 밤에 이불을 깔았던 자리에서 낮에는 책상을 펴고 학생들을 가르치며 하루에 15시간 이상씩 수업과 수업 연구를 하며 살았다. 그러나 피곤하지 않았다. 평범한 월세 아파트지만 절대 평범하지 않은 우리만의 특별한 영어 공부방. 그렇게 '제이제이리딩 공부방'이 시작되었다. 아파트 안에 자리한 공부방에 불과하면서 거창하게 이름까지 달았다며 세상 별난 부부라는 지인들의 속닥거림이 들려왔지만 흔들릴 필요가 없었다. 우리에게는 살아 있는 영어를 배울 수 있는 학원 창업에 대한 꿈이 있었고 공부방은 그 시작이었던 것이다. 28평 공부방 베란다 창문에 지금 어학원의 이름과 똑같은 '제이제이리딩'이라는 현수막을 당당하게 내걸었다.

공부방을 시작하면서 세운 우리의 원칙이 있었다.

1) 마이너스 통장으로 시작했지만 수업의 질은 대형 어학원 수업보다 더 높게 만들 것.

2) 아침에 1,000원짜리 라면을 먹고 다시 집으로 출근할지언정 학생에게는 가장 질 좋은 종이로 만든 워크북을 제공할 것.

3) 기회가 되면 어디든 달려가서 영어 수업 교재와 프로그램을 배우고 적용하고 수정해서 우리 것으로 탈바꿈시킬 것.

4) 어떤 일이 있더라도 학생들에게 이 공부방이 1시간 전까지는 세 식구가 된장찌개를 끓여 먹던 생활 공간이라는 인상을 주지 않도록 할 것.

5) 비록 작은 공부방이지만 우리의 신념을 믿어 주고 우

리 공부방을 선택해 준 학부모님들과 학생들에게 항상 최선을 다하되 10%를 더할 것.

최고는 아니지만 최선은 다하고 싶었던 우리 부부의 첫 번째 장, 그리고 내 인생의 두 번째 장이 시작되고 있었다. 공부방 시절, 2년 동안 제이제이리딩은 그야말로 성장가도를 달렸다. 수업이 오후 2시 30분에 시작되면 나와 남편은 오전 10시에 집의 냄새를 빼기 위해 한겨울에도 온 창문을 활짝 열고 매일같이 청소를 했다. 우리에게 생선 요리는 집에서 먹는 게 아니었다. 냄새가 빠지는 데 하루가 넘게 걸리기 때문이다. 2년간 생선 요리는 외식할 때만 접할 수 있는 고급 요리가 되었다. 학생들 한 명 한 명을 소중히 대접하고 싶었던 공부방 원장은 학생의 영어 실력을 끌어올리는 것은 물론, 학생의 관심사, 표정, 행동 하나하나까지 유심히 관찰했다. 때로는 학생의 엄마처럼, 이모처럼, 언니처럼 그들을 대하며 진심으로 소통하기 위해 고민했다.

학창 시절 나는 다른 과목에는 특별한 관심을 보이지도 않았고 실력도 중위권이었다. 하지만 영어만큼은 전교에서 내로라할 만큼 실력이 좋았다. 어려운 가정 형편에 당연히 유학은 한 번도 가 보지 못했지만 나는 늘 영어를 만만하게 생각하는 자신감이 있었다. 학생들에게도 그 자신감을 심어 주고자 했다. 내신 영어, 수능 영어, 영어로 대화하기 등 어떤 유형의 영어를 만나도 자신감 하나만 있으면 얼마든지 도전할 수 있다. 영어를 시작하는 아이들이 영어가 만만하다는 것을 오감으로 느낄 수 있으면 좋겠다는 꿈은 그때나 지금이나 변치 않았다. 오로지 학생만을 바라보며 치열하게 공부하고 가르쳤던 우리 부부. 하지만 '공부' 하나만 가르치고 싶진 않았던 욕심쟁이 선생님들. 대형 어학원에서는 경험하지 못했던 다양한 영어권 문화를 한국에서, 광주의 작은 공부방에서도 체험시켜 주고 싶었다. 특별한 영어 쿠킹 수업, 영어 베이킹 수업, 동네를 떠들썩하게 달궜던 핼러윈 퍼레이드. 작지만 아주 많은 스토리가 매일매일 탄생하는 살아 있는 영어 수업이 우리 공부방에 있었다.

하지만 어떻게 그 2년이 즐겁기만 했겠는가? 2년간의 공부방 생활을 청산하고 35평 영어학원 창업을 결정하던 날, 남편은 축배를 들며 내게 얘기했다. "나 사실 너 같은 미친 여자와 평생을 같이할 수 있을지 심각하게 고민했었어." 지금이야 웃으며 얘기하지만 본인은 나름 심각했다고 한다. 3시간도 자지 않고 일분일초 학생과 영어만 생각하는 와이프. 생략된 신혼 생활. 일과 사생활에 대한 구분이 전혀 없는 하루를 700일간 반복하던 남편은 지쳤던 것이다. 사실 어학원으로 확장을 한 지금에도 일을 대하는 나의 자세는 크게 변하지 않았다. 나는 베트남 여행을 가서 연유 커피를 마실 때도 "아이들과 함께 전 세계를 대표하는 음료수 사업을 구상해 보는 수업을 진행해 보면 어떨까?"라고 수업과 연관시키는 사람이다.

　한번은 학원 일로 언쟁이 심해져서 크게 한바탕 싸움을 하고 "그럼 너는 왜 나같이 정신 나간 여자랑 사니?"라고 물은 적이 있다. 그랬더니 돌아온 답변은 나름 진지했다.

　"그건… 나는 항상 생각만 하고 진전시키지 못하는 일을 너는 행동으로 바로 실현하기 때문이야. 아 이 여자 또

앞서간다, 또 과부하 걸리겠다, 또 잠 못 자고 스트레스 받을 테지라고 걱정이 될 때도 있지만, 이렇게 사고 치듯이 일을 벌이는 네가 있어서 지겹지가 않아."

싸우다 웃음이 나올 만큼 어이가 없으면서도 현실적이고 감동적이었던 그 진심. 부부 원장으로 학원을 경영하다 보면 의외로 아무것도 아닌 일에 언성이 높아지는 일이 자주 생기는데 그때마다 이 말을 떠올린다. '그래. 나 때문에 지겹지 않고 재미있다는데… 고마운 일이다. 그냥 쿨하게 웃고 넘기자. 허허허.' 나의 여러 부족한 점을 정확하게 알고 나를 있는 그대로 바라봐 주는 사람과 결혼 생활을 할 수 있다는 건 꽤나 축복받은 일이다. 내년이면 앞자리수 4를 달게 되는 나이지만 아직까지도 자기 탐구가 끝나지 않은 지금, 카페에서 따스한 햇살을 받으며 반려견과 함께 이 글을 써 내려가고 있는 지금, 남편이 한없이 사랑스럽게 느껴진다.

남편은 나를 있는 그대로 바라봐 줘서 고마운 사람이

다. 내가 부족하다는 것을 매일 깨닫게 해 주는 것도 고맙다. 내가 부족하기 때문에 앞으로 죽을 때까지 성장할 수 있는 사람이라는 걸 알려 주니 더 고맙다. 쉬지 않고 앞만 보고 달려온 지난 8년이 마치 8개월보다 짧았던 것처럼 뜨겁고 치열했다. 앞으로도 남편만 있으면 다시 마이너스 통장으로 아프리카에서 히터를 팔아도 즐겁게 할 수 있을 것이다. 남편은 언제나 나를 지금 모습 그대로 빛나게 만들어 주는 사람이기 때문이다.

• 이현진 원장이 전하는 학원 브랜딩 꿀팁 2 •

처음부터 크고 화려할 필요는 없다. 공부방이든 교습소든 학원이든, 내가 고객에게 제공할 수 있는 최대의 강점이 무엇인지 파악하고 그것이 고객의 마음속에 뾰족한 화살이 되어 꽉 박힐 때까지 쉬지 말고 쏴라! 쉼 없이 쏘다 보면 어깨도, 다리도, 손가락도 저려올 것이다. 그럴 때에는 잊지 말자. 나의 가장 큰 조력자가 항상 내 어깨, 다리, 손가락을 지지해 주고 있다는 것을.

---

3. 실패해 봐야 보이는 것

몇 달 전, 250명 정도의 전국 학원 원장들 앞에서 성공 사례 발표를 한 적이 있다. 세미나 홍보를 위해 성공 사례 앞에 붙였던 수많은 홍보 문구를 보면서 여러 가지 생각이 들었다. 우리 학원에 대해, 원장으로서의 나에 대해, 영어 선생님으로서의 나에 대해 제삼자의 입장에서 객관적으로 평가해야 하는 냉정한 시간이었다.

"우와~ 저 학원 원장은 오픈한 지 3년 만에 원생이 세 배나 늘어났대!"

"곧 건물주 되겠는데, 이 원장."

"근무 시간도 짧은데 돈은 많이 벌어서 정말 좋겠다!"

대한민국 학원 운영자라면 한 번은 들어봤을 말들이 아닐까? 이런 말을 들을 때마다 감사한 마음이 들었지만 한편으로는 속이 상했다.

"원생도 세 배가 늘었지만 운영비는 열 배가 늘어났다고요."

"학원 운영시간과 원장의 근무 시간은 다른 거 모르세요?"

이렇게 받아치고 싶었지만 그럴 수가 없었다. 어차피 말도 못 할 거라면 그냥 쿨하게 웃어넘기기나 할 것이지 그렇게도 못 했다. 왜 남들의 시선과 평가가 그토록 신경 쓰였던 것일까?

지난 9년간의 나의 모습을 되돌아보면, 다른 사람의 시선을 참 많이 신경 쓰고 살았다. 그 시선이 우리 학원의 이미지에 조금이라도 나쁜 영향을 미칠까 봐 하루하루 조마조마한 마음으로 보낸 시간이 많았다. 학원을 창업하고 내리 4년간 생리가 끊기고, 아이가 생기지 않아 약을 먹고 치료를 받아야 했다. 그래도 주변이 신경 쓰여 아무 말도 하지 못했다. 그뿐 아니었다. 믿었던 직원들이 내 뒤에서 험담을 해도, 그 직원들이 우리 학원 바로 옆에 영어학원을 창업할 때도 나는 무너질 수 없었다. 그러나 겉으로는 무너질 수 없었기 때문에 수없이 혼자서 무너졌다. 밖에서는 대단한 척, 괜찮은 척해야 했다. 속상해하는 남편을 다독이고, 동네 많은 지인에게는 속상한 마음을 감출 수밖에 없었다.

"지나치게 빈틈이 없어서 일단 무너지면 단번에 붕괴되어 버리는 사람이나 물건은 얼마든지 있다. 어느 정도 선에서 '적당하게 내버려 두는 것'에는 강함이 있다. 그렇기 때문에 적당할 수 있는 것이다. …(중략)… 인생은 긴 시간에 걸쳐 '적당한 삶'이 무엇인지 가르쳐 주는 위대한 선생님이다."

나토리 호겐이 쓴 『신경 쓰지 않는 연습』에 나오는 구절이다. 딱 나를 두고 하는 말이었다. 나는 정말 단번에 무너질 위기를 간신히 혼자 견디며 여기까지 왔다. 이제는 그만하고 싶었다. '척'하는 생활을 더는 하고 싶지 않았다.

그런데 나이가 들고 경험이 생기니 이제야 비로소 조금씩 나 자신을 그대로 받아들이는 연습을 할 수 있게 되었다. 이제야 비로소 날마다 새로 시작하는 기분이 든다.

아이들을 가르치는 일은 정말 보람 있지만 생각보다 쉬운 일은 아니다. 학원의 주 고객이 '학생'이기도 하지만 학생을 우리 학원에 보내 주시는 '학부모'가 진짜 고객이기 때문이다. 학생을 잘 교육하겠다 마음먹어도, 그 전에 학부모 '설득'이 먼저 되어야 내가 가르칠 수 있는 학생이 생기는 것이다. 처음에는 그 설득의 중요성을 깨닫지 못한 채 자만심에 빠져 살았다. 학원은 재미있게 잘 가르치고 결과만 보여 주면 된다고 생각했다. 우리 학원 학생들을 최선을 다해서 교육하고, 학생들의 영어 실력이 오른다는 걸 보여 주면 되겠지 하는 안일에 빠져 있었다.

공부방을 운영할 때는 모든 계획이 나에게서 출발하고 마무리도 내가 다 할 수 있다. 그래서 조금 실수해도 내가 책임질 수 있었다. 하지만 학원 운영은 공부방과 전혀 다른 것이었다. 그래서 학원을 시작하고 꽤 오랫동안 작은 동네 학원의 원장 역할이 내게는 너무 버거웠다.

가끔 혼자 우스갯소리로 중얼거렸다.

"나는 태어나길 작은 초장 그릇으로 태어났는데, 큰 사발 노릇을 하려고 하니 그릇이 깨질 것 같아."

학원 운영의 시작이 바로 이랬다. 학생을 잘 가르치는 것과 학원을 잘 운영하는 것은 별로 연관성이 없다. 다시 하나씩 배워 나가야 했다. 풀타임 수업을 하면서 동시에 직원 관리와 세금 관리 등을 할라치면 24시간이 어떻게 지나가는지 느낄 새가 없었다. 나름 경영학과를 졸업했고 큰 어학원에서 커리어를 쌓았던 나였다. 하지만 대학에서 배운 것과 현장에서 처리해야 하는 것에는 큰 차이가 있다. 사람은 경험하지 못한 것을 보지 못한다. 시행착오를 통해 가장 많이 배운다. 결국 실수 연발인 것이다. 다행스러운 것은 수많은 실수들도 궁극적으로는 성공을 향해 있다는 것이다. 실수투성이의 초보 원장이었지만, 성공 사례를 발표할 수 있었던 이유다.

2016년 11월에 학원 창업을 하고, 코로나가 시작된 2019년까지 대략 3년간 우리 학원은 조금씩 지역사회에 뿌리를 내리고 있었다. 우리 학원은 '우리끼리 잘 공부하고 잘 놀자' 주의였다. 한 마디로 대외적인 홍보나 혁신적인 방법 없이도 학원 경영을 잘해 보자는 것이었다. 코로나가 시작되면서 상황이 달라졌다. 처음 3일간은 조용한 누구나 그랬듯이 '뭐 이러다 지나가겠지. 우리 학원만 쉬는 게 아니잖아.'라며 별 대책 없이 보냈다. 그러다 사망자가 늘어나고 턱없이 부족한 마스크와 의료시설에 대한 보도로 불안이 점점 확산되었다. 모임을 제한하기 시작했다. 해외 출입국이 통제되었다. 온 국민, 온 세계가 그대로 멈춰 버렸다.

　30분 단위로 하루를 쪼개서 계획적으로 살고 한계가 있는 시간과 자원 안에서 최대치의 결과를 이끌어내기 위해서 고군분투했던 나의 치밀함은 전 세계가 겪게 된 패닉 안에서는 아무 소용도 없었다. 마스크를 쓰고 아무도 없는 학원에 앉아 학부모 한 분 한 분에게 "조금만 기다려 보시죠. 곧 괜찮아질 거예요."라고 스스로도 설득이 되지 않는 안부 전화를 하는 것도 하루 이틀이었다. 2~3주가 지나면 결국 학원생들은 빠져나가게 될 것이었다. 나와 남편 포함해서 총 7명이었던 우리 학원. 우리 부부를 빼고 5명 직원의 월급과 학원의 미래는 원장인 나의 결정에 달려 있었다. 법이 허락하는 범위에서 가능한 것은 뭐든지 해 보기로 했다.

비대면 강의를 위해서 강사들에게 필요한 교육을 진행했고, 집에서 하루 종일 공부하느라 지루해하고 지쳐있을 학생들에게 비대면으로도 충분히 즐거운 수업을 제공하기 위해 원래 갖고 있었던 교수법을 전면 수정했다. 비대면 수업의 장점을 충분히 살리고, 만날 수 없기에 소홀해질 수 있는 숙제에 대한 피드백 또한 성실히 수행하려고 지원을 아끼지 않았다.

정말 고마웠던 것은, 비대면 강의를 위해서 싹 다 바꿔야 했던 학원 운영 시스템을 잘 따라와 준 학생들의 유연함과 학부모님들의 지지였다. 어떤 학부모님께서는 "우리 아이 친구 엄마가, 너희 아이 제이제이리딩 다녀? 부럽다. 우리 애도 반이 생기면 꼭 보내고 싶다."라고 부러워했다는 이야기를 전해 주시기도 했다. 다들 불안한 시기에 특별한 설명이 없어도 원장인 나의 결정을 따라 준 직원들에게도 감사했다.

코로나로 인해 우리 모두가 넘어야 했던 고비는 노력의 한계와 좌절감이었다. 하지만 그 한계와 좌절감은 새로운 창을 열어 줄 혁신의 기반을 마련해 주었다. 우리는 거기서 멈추지 않고 필요하면 100번의 시행착오를 거쳐서라도 문제를 해결하는 '유연함'을 강력한 무기로 가질 수 있었다. 이것은 앞으로도 우리 학원 성장의 큰 원동력이 될 것이다.

믿고 의지했던 직원들이 퇴직과 동시에 아무 말도 없이 우리 학원 바로 옆에 학원을 창업했던 것이나 광주 어학원 중 가장 먼저 강사 코로나 확진이 나왔던 일을 포함해 수없이 우리를 굴복시키려 했던 위기를 우리는 모두 극복해 냈다. 하루하루가 이겨내야 할 챌린지였다. 그 챌린지들은 모이고 쌓여 내면적으로나 외면적으로 성장할 수 있었던 자산이 되었다. 위기와 실패가 힘든 일이지만 포기하지 않는다면 가장 빠르고 급격하게 성장하는 힘이 된다.

• 이현진 원장이 전하는 학원 브랜딩 꿀팁 3 •

우리의 학원은 원장 마음먹기에 달렸다. 원장인 나 자신이 '아, 우리 학원은 이랬으면 좋겠다.'라고 진심으로 바라고 그에 걸맞는 행동을 반복하다 보면, 언젠가 나도 모르게 우리 학원이 점점 그런 방향으로 가고 있는 게 보인다. 신기하게도 말이다. 많은 원장들이 코로나로, 시장의 과열로, 예기치 못한 사건 사고들로 말로는 다 털어놓지 못할 외로운 고군분투를 견뎌왔다. 우리가 기억해야 할 것은 딱 한 가지다. 아무리 힘든 시련이 와도 우리는 꼭 극복할 수 있다. 시도 → 실수 → 배움 → 개선 → 재시도를 무한반복하자. 언제까지? 원장인 내가 원하는 '우리의 학원' 의 모습이 갖춰질 때까지!

4. 행복은 내가 만드는 것

　몇 년 전, 서울에서 대학을 졸업하고 다시 본가로 내려와 동창들을 만났다. 꽤 친하게 지냈던 친구들 중 한 명은 고등학교 때 전교에서도 알아줄 만큼 얼굴도 예쁘고 성격도 좋아 인기가 많은 친구였다. 10년 가까이 지났지만 여전히 그 친구는 고운 모습 그대로였다.

　'쟤는 복도 많아⋯ 나이 먹었어도 어쩜 저렇게 예쁘니⋯ 예전이나 지금이나 예쁜 건 변함이 없네. 정말 부러워.'

　학창 시절, 그 친구는 특별히 꾸미지 않아도 말끔하니 예뻤다. 나는 그때도 그 모습을 참 많이 부러워했다. 좀 솔직히는 질투에 가까웠다. 내가 아무리 애써도 가질 수 없는 외모에서 나오는 힘. 가만히 있어도 자연스럽게 풍기는 그런 이미지를 나도 참 갖고 싶었다.

오랜만에 만나서 이런저런 얘기를 나누며 한잔하니 어느 정도 취기가 올라왔다. 그때 그 예쁜 친구가 나에게 용기 내서 말한다면서 해 준 한마디가 있다.

"현진이 네가 전학 오고, 나랑 같은 고등학교로 가게 되었을 때, 친구랑 함께 가서 좋았지만, 한편으로는 질투도 많이 났었어."

엥? 나의 선망의 대상이었던 친구가 나를 질투했었다고? 도대체 왜? 놀라지 않을 수 없었다.

"학생 때 내 눈에 너는, 항상 뭘 가지려고 하면 너무 쉽게 가지는 것처럼 보였어. 내게는 도전하기도 힘든 일들이 너는 특별히 애쓰지 않아도 쉽게 해 버리는 것처럼 보였거든. 대회를 나가도, 시험을 봐도, 동아리 인터뷰를 할 때도 넌 항상 남보다 세 발자국 정도 앞에서 시작하는 것처럼 보였어. 그래서 그게 조금은 질투가 났던 것 같아."

나는 친구의 말에 놀라지 않을 수 없었다. 왜냐하면 학창 시절 내가 이룬 것 중 나의 끈질긴 노력 없이 이뤄진 것은 하나도 없기 때문이다. 그런데도 그렇게 느꼈다면 사람들이 타인의 삶을 들여다볼 때 자기가 가지고 있지 못한 것에 더 집중하기 때문이 아닐까? 내가 그 친구의 꾸미지 않은 아름다움에 집중했듯이, 친구는 내 학교생활에 시선을 집중한 것이었다. 서로를 감싸고 있는 포장 안에 숨겨져 있는 수많은 시도와 노력, 좌절은 보지 못한 채 말이다.

초등학교 4학년까지 나와 엄마는 부산의 한 월세방에서 살았다. 한겨울에 수도가 꽁꽁 얼어 이틀간 씻을 수가 없었다. 사춘기가 시작되던 때라서 감지 못한 머리가 창피해서 모자를 쓰고 등교했다. 머리를 못 감은 지 삼일이 되던 날, 더 이상은 견딜 수 없다며 엄마와 함께 실외에 있던 화장실에서 가스버너에 물을 올렸다. 공기는 차갑고 발은 시렸지만 내 머리를 감기기 위해 들통을 부엌에서 날라 온 엄마에게 머리를 맡겼다. 가난했고 엄마랑 단둘이어서 서글픈 시절이었지만 나는 아무도 엄마 딸이 이렇게 더러운 아인 줄 모를 거라며 웃으며 농담도 했다. 이제 뒤돌아보니, 친구가 부러워했던 학교에서의 내 모습은 감지 못한 머리를 감추어 준 예쁜 모자 같은 것이 아니었을까 싶다.

남들에겐 말 못 할 어려움과 고난이 있을 때, 결국 그것을 어떻게 받아들이고 세상에 표현하느냐 하는 건 나 자신의 선택에 달려 있다. 그래서 내게는 어렸을 때의 가난하고 힘들었던 기억이 참으로 소중하다. 장마철, 원룸에 물이 가득 차서 세숫대야로 물을 퍼내야 했어도, TV가 없어서 친구들의 대화에 낄 수 없었을 때도, 엄마가 운영하던 만화방에 도둑이 들어 며칠간 새벽에 혼자 잠을 청했을 때도 나는 한 번도 내가 불쌍하다고 생각한 적은 없었다.

자신에게 닥친 불행한 상황을 '왜 나에게만 이런 일이!'라고 생각하면 그때부터 인생은 본인이 컨트롤하기 힘들어진다. 하지만 똑같은 상황에서 '이건 내가 선택한 일이고, 나는 내가 가진 에너지를 써서 지금보다 더 나은 상황으로 나아갈 힘이 있어.'라고 생각을 바꾸면 그 인생은 온전히 나의 것이 된다. 미움, 실망, 좌절, 증오, 사랑, 기대, 희망…. 사람이 품을 수 있는 감정은 참으로 다양하지만 그 감정을 품을 수 있는 마음의 공간은 한정되어 있다. 그 공간을 어떤 감정으로 채울지는 오로지 자신에게 달려 있다.

나이가 들어 책임져야 할 의무가 늘어나면 심적인 부담이 느껴지기도 할 것이다. 그 부담감이 나를 억누르고 나를 뒷걸음질 치게 할 때마다 생각하는 것이 있다.

'내게 주어진 모든 일은 내가 선택한 것이고, 내가 이 일을 대할 때 느끼는 모든 감정은 내가 컨트롤할 수 있다.'
'나는 운을 품고 사는 사람이다. 그래서 내가 진심으로 하고자 하는 일은 반드시 잘 되고야 만다. 그럴 수밖에 없다.'

이렇게 생각하면 마음 한편에서 촛불이 켜지는 느낌이 든다. 2년 전이었다. 우리 학원에서 선생님으로 만난 한 커플이 퇴사를 하면서 우리 학원 바로 옆에 영어 학원을 차렸다. 그 선생님들과의 추억이 너무나 많아서 그 사실을 알게 되자 말도 못하게 허탈했다. 그때 우리 부부가 느꼈던 좌절감은 실망이나 배신감 같은 게 아니었다. 오히려 '상실감'에 가까웠다.

퇴사 전 몇 달간 너무나 달라졌던 두 사람의 근무 태도의 원인을 우리 부부는 우리에게서 찾으려고 노력했다. 우리가 너무 일을 너무 많이 줘서 힘들어서 그랬을까? 아니면 우리가 상사답지 못해서 우리를 만만하게 보게 된 것일까? 도대체 두 사람이 변하게 된 이유가 무엇일까? 월급이 적은가?

꼬리에 꼬리를 물고 의문이 계속되었다. 그때 부부싸움도 많이 했다. 학원에서 동지처럼, 가족처럼 지냈던 선생님들이 우리의 직장에서, 우리의 삶에서 송두리째 뽑혀 나갔다. 그것도 그 사람들의 선택으로. 그 선생님들을 대놓고 욕할 수도 없었다. 그 선생님들의 제자들이 바로 우리 학원의 학생들이니까 말이다. 내 얼굴에 스스로 먹칠을 하는 사례를 만들고 싶진 않았다. 학원 선생님들의 교체, 계속되는 코로나, 좋지 않은 소문들, 내 삶의 중심이 조금씩 흔들리고 있었다. 그때 우리 학원은 또 한 번의 확장을 준비하고 있었다. 큰 투자였기에 부담도 컸다.

'투자를 많이 했는데 우리 학생들이 그 학원으로 옮겨 가면 어떡하지? 확장도 해야 하고 바꿔야 할 것도 많은데 새로 교체된 선생님들이 우리를 또 배신하면 어쩌지? 저 선생님의 말과 행동에는 또 다른 의미가 있는 건 아닐까? 내가 경영자가 될 재목이긴 한 걸까? 너무 무리한 확장을 해서 스스로 무덤을 파고 있는 건 아닐까?'

별의별 생각이 다 들었다. 그렇게 상실감과 불안감이 온 마음을 채워 나가고 있을 때, 이상하게도 너무나 어렵고 가난했던 우리 가족의 모습이 떠올랐다. 가스버너에 물을 데워 머리를 감으면서도 웃을 수 있었던 그때의 기억이 떠올랐다. 그때부터 같은 상황을 달리 바라보는 연습을 하기 시작했다. 학원을 확장하는 건 부담되는 일이기도 하지만 동시에 희망적인 일이다. 선생님 두 명을 잃은 건 아픈 경험이지만 학원장으로서 크게 성숙할 수 있는 계기가 될 것이다. 고민으로 가득 찬 채 치열했던 몇 달간의 부부싸움은 우리 부부가 더 단단히 결속하고 소통할 수 있는 동기가 되어 주었다. 그 사건을 통해서 탄탄한 학원을 경영하기 위해서는 학생들을 잘만 가르치면 되는 게 아니라 학원장으로서의 내면과 외면을 키워야 한다는 큰 깨달음을 얻었다.

우리는 학원장으로서 성장해야 했고 성장하기 위해서는 끝없이 배워야 했다. 공부방 창업, 작은 영어학원 창업, 어학원으로 확장…. 모두 우리 두 손으로 일궈낸 결과였다. 지난 2년 동안은 그 전 7년보다 더 치열하게 일했다. 이 지역을 대표하는 일타 영어학원의 믿음직한 원장들이 되고 싶었다.

훗날 지금을 뒤돌아보며, '그때 그 선생님들이 그렇게 배신만 하지 않았어도….'라며 비겁한 핑계를 대고 싶진 않았다. 그래서 나는 그들이 배신했다고 생각하지 않는다. 그 선생님들은 자신이 할 수 있는 최선의 선택을 했고 결정을 한 것이다. 그리고 그 결정은 나와는 아무런 상관이 없다. 내 운은 내가 만들어 나가는 것이므로.

우리 학원이 앞으로도 희망으로 가득 찬 공간이 되길 바란다. 우리 학원에서 영어 공부를 하는 학생들이 스스로의 운을 스스로 만들어 나가는 공간이 되길 바란다. 그래서 나는 오늘도 타인이나 세상에 좌지우지되지 않는 '내가 만드는 진정한 운의 힘'을 굳게 믿는다.

• 이현진 원장이 전하는 학원 브랜딩 꿀팁 4 •

주변을 둘러보면 나보다 잘나 보이는 원장들이 차고 넘친다. ○○ 학원 원장은 서울대 출신이래. ○○ 학원 원장은 캐나다 교포 출신이래. ○○ 학원 원장은 이번에 1, 2관이 너무 잘돼서 이번엔 3관까지 오픈할 예정이래…. 누구나 마찬가지겠지만 남과 나를 비교하다 보면 점점 더 자신감을 잃게 되고, 본인 학원에 대해 의심이 싹트기 시작한다. 하지만 원장인 내가 우리 학원을 통해 전하고자 하는 색이 분명하다면, 세상이 어떤 기준으로 나를 시험해도 흔들릴 필요가 없다. 우리 학원이 고객들에게 전할 수 있는 핵심 교육철학과 문화의 가치를 믿고, 원장 나 자신의 운을 굳게 믿고 밀어붙여라!

5. 가슴이 뛴다면 도전하라

'실력 있는 선생님 부부가 있는 공부방'

'공부는 빡세게 시키지만 애들이 가고 싶어 하는 공부방'

'세심한 관리와 아이 하나하나에 대한 이해도가 높은 공부방'

2년 전 남편과 시작한 공부방은 의외로 입소문을 타고 빠르게 성장했다. 기쁨 반, 부담 반으로 정신없이 학생들과 학부모님들만 생각하며 보냈다. 감사한 시간들이었다. 그러다 학생들이 많아져 더 이상 아파트 안에서 운영하는 것은 불가능하다는 결론이 났다.

'이제 학원을 해야 하나?'

학원이 들어가면 좋을 듯한 주변 상가들을 보면서 수없이 나 자신에게 묻고 또 물었다.

'내가 괜한 도전을 하는 게 아닐까?'

'아직 우리 명의로 된 집 한 채도 없는데 사업을 해도 될까?'

'나의 과한 욕심 때문에 우리 가족이 평생 겪었던 가난을 반복하면 어쩌지?'

수만 가지 고민이 나의 발목을 잡았다. 큰 결정을 혼자 감당하기 버거웠던 나는 엄마에게도 묻고, 남편에게도 묻고, 주변 지인들에게도 물었다. 하지만 돌아오는 대답은 단 한 가지였다.

'네가 원하는 대로 해.'

학원을 개업해서 새로운 시도를 하든, 공부방에서 남편

과 둘이 알찬 교육을 하든 중요한 것은 어떤 것이 정말 나다운 결정인가였다. 학원을 개원하지 않고 공부방에 머물러 있으면 왠지 패배자가 될 것만 같은 기분이었다. 가르치는 학생들에게는 '너도 할 수 있어.', '꿈을 꾸고 살아.', '새롭게 도전하는 걸 두려워하지 마.'라는 조언을 해 주면서 정작 나 자신은 그럴 용기가 없다는 게 부끄러웠다.

그러다 문득 영어 학원 개원을 하는 것도 큰 도전이지만, 영어 학원을 개원하지 않고 공부방을 계속 알차게 운영하겠다고 마음먹는 것에도 역시 용기가 필요하기는 마찬가지라는 생각이 들었다. 두 가지 길 모두 얻는 것이 있었고, 동시에 내가 감당해야 할 어려움도 있었다. 무엇을 선택해도 비겁한 것이 아니며 꽃길만 펼쳐지는 것도 아니라는 걸 깨닫게 된 것이다.

그렇다면 조금 더 내 가슴을 뛰게 하는 길로 가야 하는 게 아닐까? 바로 그날, 장장 3개월간의 근심과 걱정을 뒤로하고 평소에 봐두었던 35평짜리 공실에 계약금을 걸었다. 2년간 공부방을 운영하며 모아 놓은 적금을 깨서 보증금과 인테리어 비용을 충당할 수 있었다. 공부방에서 학원으로 옮겨가는 상황이었기에, 기존 재원생들이 최대한 '집' 같은 분위기를 느끼길 바랐다. 돈이 더 필요했다. 신발을 벗고 공부를 하면 학습 효율이 30% 정도 상승한다는 연구 결과를 본 적이 있었다. 학원에서도 공부방에서와 같이 신발을 벗고 자유롭게 원서를 뽑아서 바닥에 누워 책을 읽는 아이들의 모습을 계속해서 보고 싶었다. 그래서 우리의 첫 학원은 최대한 공부방과 닮은 모습으로 시작했다. 전체적인 색상은 눈이 편안한 민트색으로 맞추고, 영어마을에 들어선 것처럼 느껴지도록 교실마다 목재 공사를 추가로 진행했다. 모든 교실에 전기 패널을 설치해서 겨울에도 따뜻하게 공부할 수 있는 환경을 만들었다. 물론 추가적인 공사 비용이 예상 비용을 훨씬 초과했지만, 그런 부담감은 학생들이 편하게 신발을 벗고 들어와 즐겁게 수업하는 모습에 비할 바가 아니었다.

공부방에서 학원으로 이동한 첫날을 생생하게 기억한다. 2016년 핼러윈 데이, 학원 이전으로 아무리 바빠도 아이들에게 중요한 행사를 놓칠 수는 없었기에 핼러윈 파티와 이동을 동시에 하기로 결정했다. '아이들이 학원으로 옮기는 걸 싫어하면 어쩌지?', '아이들이 실망하면 어쩌지?'라는 나의 걱정은 쓸데없었다. 핼러윈 의상으로 갈아입은 학생들이 학원에 첫발을 내딛는 순간, 아이들의 입에서는 '우와~' 하는 탄성이 터져 나왔다. '선생님, 교실이 너무 따뜻해요!', '교실이 너무 예뻐요!', '책이 진짜 많아요! 이거 다 그냥 읽어도 돼요?'라는 아이들의 신나는 반응에 감동의 눈물이 터져 나왔다

공부방에서 우리를 믿고 자녀들을 보내 주신 학부모님들께서는 축하의 화분과 케이크를 보내주셨다. 35평 작은 영어학원이 현재는 110평의 어학원이 되었다. 2명의 부부 원장과 1명의 선생님으로 시작했던 공간은 2명의 부부 원장과 10명의 선생님이 있는 동네 대표 어학원이 되었다. 규모도 가장 크다. 여전히 우리 부부는 주중은 물론 아침, 저녁, 주말까지 반납하며 학원을 위해 힘쓴다.

저녁이 되어 아이들도 선생님들도 모두가 떠난 빈 교실

들을 정리할 때마다 2016년의 핼러윈 데이가 떠오른다. 그날 아이들을 데리고 거리로 나가 학원으로 향하던 우리의 모습은 아직도 내 책상머리에 사진으로 남아 있다. 그 사진 안에 웃으며 학원으로 향하던 학생들은 벌써 대학생이 되고 사회인이 되어 연락을 주고 우리를 찾아온다. 그들이 선생님들 덕분에 영어가 재미있었다고, 덕분에 영어를 포기하지 않을 수 있었다고 할 때마다 고마움과 동시에 조금은 민망한 마음이 드는 게 사실이다. 이렇게 훌륭한 아이들에게 나는 과연 최선을 다했는가? 이렇게 멋진 사회인으로 성장하는 학생들을 가르쳤던 나는 선생님으로서, 학원장으로서 떳떳한 삶을 살고 있는가? 이런 대접을 받을 만큼 열심히 교육하고 있는가?

그래서 우리 학원을 졸업한 학생들에게 연락이 올 때마다 말한다.

"고맙다. 너희가 나를, 우리 학원을 키웠어. 너희에게 부끄럽지 않은 선생님으로 살기 위해서 지금 내가 있는 이 자리에서 최선의 최선을 다해 가르칠게. 항상 깨어 있을게."

학원 선생님의 보람은 잘 자란 학생들이다. 우리 학원에서 근무하시는 많은 선생님들이 5년 후, 10년 후에 제자들이 돌아왔을 때 그동안의 노력과 고민이 절대 헛된 것이 아니었음을 느끼기를 바란다.

여러 선택지에서 결정 버튼을 망설이는 누군가가 있다면 당신은 결정하는 것만으로도 용기 있는 멋진 사람이라고 말해 주고 싶다. 선택을 하고 가슴이 마구 뛴다면 후회라는 건 생각도 하지 말고 열심히 앞을 향해 달려가면 된다는 말도 덧붙여서 말이다.

• 이현진 원장이 전하는 학원 브랜딩 꿀팁 5 •

중대한 결정을 내려야 하는 선택의 기로에 서 있나? 학원이나 교습소를 처음 시작하려고 상가를 알아보고, 현재 운영하고 있는 학원의 원생 수가 늘어나서 확장을 고민하고…. 이럴 때일수록 철저한 시장조사와 전문가의 고견을 구하는 것이 중요하다. 하지만 그 내 가족이, 나의 지인이 아무리 나와 밀접한 관계에 있어도 결론은 내 가슴속에 있다. 내 심장이 조금 더 뛰는 쪽으로 선택하면 된다. 물론 그렇게 결정해서 100% 성공할 거라는 보장은 할 수 없다. 하지만, 선택의 기로에 서서 머릿속으로만 수백 번, 수천 번 그렸던 시나리오를 이제 세상 밖으로 던져보자. 시작이 반이라는 말은 결코 틀린 말이 아니다. 일단 저질러라!

6. 모두가 일등인 학원

"선생님, 저는 영어를 못해요. 영어 수업이 무서워요."

초등학교 4학년 한 아이가 우리 학원에 와서 처음 한 말이다. 항상 쉽게 고득점을 받는 형의 그림자에 가려져 있었고, 선행학습으로 다져진 주변 친구들의 위풍당당함에 밀려 자신감을 잃고 있었다. 영어뿐 아니라 다른 학습이나 활동에도 자신감 있게 자신의 의견을 말하지 못하던 아이였다.

영어는 한 사람의 인생에서 정말 별것 아니다. 형이 공부를 잘해서 영재반에 뽑히든 친구들이 영어 경연대회에 나가서 상을 받든 그것이 나를 주눅 들게 하지 못한다. 내가 영어를 하는 것과는 아무 상관이 없다. 나는 나의 영어를 하면 된다. 이것을 그 아이에게 알려 주고 싶었다.

그 아이에게 영어를 가르치기 시작했다. 사립초등학교에 다니고 있던 아이는 이것저것 챙겨야 할 것들이 많았고 숙제를 하는 데만 남들보다 몇 배의 시간이 걸렸다. 자신이 없어지기 시작했다.

'이 아이의 영어를 내가 책임질 수 있을까? 나의 능력 밖에 있는 것은 아닐까? 나중에 원하는 사립중, 특목고를 못 가서 우리 학원을 탓하면 어쩌지? 책임질 수 없다면 그냥 지금에라도 다른 학원이나 과외를 알아보라고 제안하는 게 맞는 것 아닐까?'

비겁한 선택지들이 하루하루 나의 영혼을 갉아먹고 있었다. 그때 그 아이가 초등학교 졸업하기 전에 영어 천재들만 참가한다는 호남지역 영어 스피킹 대회에 참가하고 싶다고 했다. 영어가 두렵다던 아이의 말이라고는 믿어지지 않았다. 도전해 보고 싶은 마음이 생겼다는 것은 환영할 일이었다.

아이는 대회에 진지했다. 스피킹 대본을 쓰는 것에서부터 남달랐다. 절대 선생님에게 써달라고 하지 않고 진심으로 자신의 꿈과 희망을 대본에 담아내려고 고군분투하고 있었다. 우리 부부는 최선을 다해 아이와 함께하기로 했다. 수업이 끝나고부터 새벽까지도 마다하지 않고, 그 아이가 괜찮다고만 하면 대본을 다시 고치고, 발음을 교정하고 대중과 시선을 맞추는 연습을 반복했다. 아이는 점점 더 자신감을 보였고 대회 당일 마음껏 자신의 실력을 뽐냈다.

대회 결과는 어땠을까? 독자의 기대에 못 미쳐서 미안하지만, 수상을 하진 못했다. 그 아이와 함께 본선에 진출한 우리 학원 출신의 다른 두 아이가 은상, 동상을 수상했다. 그 아이는 본선에 진출한 것으로 만족해야 했다. 그러나 우리 부부는 본선에 참가한 누구의 발표 때보다 집중해서 경청했고 손바닥이 아프도록 박수를 쳤다. 발표가 끝나갈 즈음이 되니 하염없이 눈물이 흘렀다. 대견했다. 자랑스러웠다. 영어가 싫고 두렵다고 했던 우리의 학생이 강단에 서서 영어로 발표를 하다니. 누가 시켜서도 아니고 본인의 의지로 나가겠다고 한 대회를 앞두고 밤새며 최선을 다한 모든 과정을 다 지켜보았기에 그 3분이라는 발표 시간이 그렇게 감격적이었다.

수상을 하진 못했지만 그날의 경험과 도전으로 그 아이는 한 뼘 성장했을 것이다. 그 후에도 그 아이의 도전과 좌절과 극복을 지켜본 우리 부부는 그가 어떤 도전에도 무너지지 않고 다시 일어나 꼭 이루어 낼 것이라고 진심으로 믿는다.

도전했던 일이 잘되지 않았다고 해서 우리가 실패자가 되는 것은 아니다. 실패했다는 것은 도전했다는 것이고 도전했다는 것은 용기 있는 일이다. 실패했다면 실패를 겸허히 받아들이고 앞으로 한 발자국 더 나가면 된다. 지금 할 수 있는 것을 하면 된다. 최선을 다하고 온 마음을 다하면 된다. 그러면 내가 처음에 바랐던 성공의 그림과 똑같지는 않더라도 무엇이든지 그려지기 마련이다.

2023년 수능이 끝나고 대학 합격자 발표가 나자마자 그 아이는 우리에게 연락을 했다. 서울대에 합격했다고 했다. 연락을 준 것만 해도 고마운데 자기가 바라던 학교에 합격할 수 있었던 것은 다 선생님들이 영어 공부를 가르쳐줘서 그렇다고 하니 정말 이런 보람이 없다.

곧 본거지를 떠나 큰 세상으로 나아갈 우리 제자의 창창한 앞날을 응원한다. 앞으로는 훨씬 많은 두려움과 역경이 있겠지만 그때마다 계속 도전하고 계속 꺾이면서 자신의 길을 묵묵히 담대하게 가기를 바란다.

우리 학원은 영어라는 과목 하나를 가르치지만 동시에 세상을 대하는 태도를 가르치는 교육의 장이다. 작은 도전에도 최선을 다하는 자세를 가진 학생들로 계속 키워내기를 바란다.

도전은 두렵다. 시작부터 포기하기도 하고 아예 시작이 안 되기를 바라는 경우도 있다. 최근 한 아이가 피아노 대회에 나가게 되었다. 계속 나가기 싫다고 투정이었다.

"왜 나가기 싫어? 어렸을 때부터 피아노 쳐왔잖아. 취미 아니었어?"

"1등 할 자신 없어요. 그런데 나가서 뭐 해요."

1등…. 1등이 아니면 의미가 없다고 하는 아이와 나는 이야기를 시작했다.

"○○야. 누가 ○○에게 피아노 대회 나가서 1등 해야 한다고 했어? 아니지? 그런데 왜 1등을 해야 한다고 생각해? 선생님 생각에 ○○는 이미 1등인데…?"

"아니 어떻게 제가 1등이에요? 항상 저보다 더 오래 연습한 아이들이 더 잘하고, 타고난 재능을 가진 아이들이 더 잘해서 저는 1등 못 해요."

"남들과 비교하기 시작하면 1등도 절대로 1등이 될 수 없어. 김연아 선수를 예로 들어 볼까? 물론 김연아 선수는 한때 피겨스케이트 1위 선수였지. 그런데 그 선수가 평생 1등을 유지할 수 있을까? 한참 어린 선수들과 타고난 재능을 가진 선수들이 계속 몰려올 텐데? 그러면 김연아 선수가 1등이 아닌 2, 3등이 되는 걸까? 지는 걸까?"

"…."

"선생님도 너처럼 생각한 적이 있어. 1등이 아니면 의미가 없다고. 그러니까 그냥 처음부터 적당히만 하고 기대치를 낮추고 어떤 일에 이래도 그만, 저래도 그만이라는 태도로 임했던 적이 있어. 그런데 그렇게 하니까 자꾸 일에 대해서 재미가 사라지고 만족감도 떨어지더라. 그래서 생각을 바꾸기로 했어. 남들이 나보다 연습을 더 오래 했든, 천부적인 소질을 타고났든 그건 그 사람의 사정이고 나와는 별개의 일이라고. 나는 그냥 어제의 내가 인정할 만큼 나 자신을 믿어 주고 응원해 주는 거지. 그러면 나는 어제의 나를 이겼으니까 내가 만든 세상에서 1등이 되는 거야. 어제도, 오늘도, 내일도 항상 1등인 거지. 그래서 선생님은 네가 지금도 1등이라고 생각해. 그리고 내일도, 앞으로 있을 대회에서도 1등이 될 수 있을 거라고 믿어. 진심으로."

    우리 학원에는 1등이 없다. 즐겁게 영어 공부하는 분위기를 조성하기 위해 학습 포인트를 주지만 절대로 성적 1등에게 그 포인트를 지급하진 않는다. 우리 학원은 '태도'와 '과정'을 중시한다. 그래서 게으른 자신과의 싸움에서 이긴 아이들, 별것 아닌 숙제를 꼼꼼하게 수행해 온 바른 태도를 길러나가는 아이들에게 포인트를 마구마구 쏴 준다.

    우리 학원의 모든 선생님과 학생들은 1등이다. 남과 비교하지 않고 우리만의 색깔을 가지고 과정 자체를 즐기며 0.01%씩 발전해서 어제의 나를 이겨 낸 1등들. 그런 공간에 우리 학원의 문화가 스며들고 있다.

• 이현진 원장이 전하는 학원 브랜딩 꿀팁 6 •

학원을 다니기 시작하면 기본 4년~7년 정도 오랜 시간 동안 한 학원을 믿고 다니는 학생들이 있다. 그 학생들의 성적이 잘 나와서? 물론 그럴 수도 있다. 하지만 학원의 존폐가 반드시 '성적'에만 달려 있는 것은 아니다. 영어 경시대회에 참여하든, 학교에서 시험을 보든, 결과가 잘 나오면 더없이 기쁘겠지만 그렇지 않더라도 괜찮다는 것을 학생들에게 알려 주어야 한다. 그 과정에서 반드시 성장해 낼 학생의 가능성을 믿어 주어야 한다. 그러면 원장의 그 진심이 학생의 마음에, 학부모의 마음에, 나의 잠재 고객들의 마음에 비로소 다 전해지기 마련이다.

7. 영포자 살리는 영어 효능감

"선생님, 우리 아이가 영어를 너무 싫어해요."

"영어 유치원도 나왔는데 영어에 자신감이 없어요."

"우리 아인 다른 과목은 다 괜찮은데 영어만 힘들어해
요."

우리 학원 문을 두드리는 학부모님들의 걱정 어린 상담
내용이다. 도대체 어디에서부터 잘못된 것일까? 심지어
아직 초등학생인데 '영포자'가 되었다고 하소연하는 학부
모도 많다. 영어라는 과목을 '언어'가 아닌 '과목'으로만 포
지셔닝했기에 이런 결과가 나오는 걸까? 그것이 문제의

시발점이라면 영어를 '언어'로만 포지셔닝하는 것이 아이의 인생에 좀 더 도움이 될 수 있을까? 사실 두 가지 방향 모두 다 맞았고, 동시에 틀렸다.

대한민국의 학부모들이라면, 자신들이 느끼는 영어 울렁증만은 자녀들에게 물려주고 싶지 않을 것이다. 어렸을 때부터 영어 유치원 등록, 엄마표 영어 또는 아빠표 영어, 자막 없이 영상 반복해서 보여 주기, 흘려듣기, 집중 듣기, ORT 읽어 주기 등 수많은 교구와 학습지들, 영어 학습 방법들이 속출하고 있는 가운데, 어떤 콘텐츠로 언제부터 시작해야 효과적으로 공부할 수 있을까?

나는 영어 교육이나 영문학을 전공하지도 않았고, 그 흔한 외국 유학도 제대로 다녀와 본 적이 없다. 하지만 영어 하나만큼은 듣는 것도, 말하는 것도, 배우는 것도, 가르치는 것도 자신 있다. 그 이유는 바로, '시작'과 '과정'이 즐거웠기 때문이라고 말하고 싶다. 잘 생각해 보자. 내 자녀가 어떠한 모습으로 영어 공부를 하길 바라는가? 또한 영어 학원을 운영하는 원장이라면, 우리 학원의 학생들이 어떤 표정으로 수업에 참여하길 바라는가? 학생, 학부모, 선생님 모두가 윈!윈!윈! 할 수 있는 영어 학습의 정답은 '스토리가 있는 영어 교육'이다. 모든 학습이 그러하듯이, 영어 학습에도 학습자의 나이와 시기에 따라서 그 접근 방법이 달라져야 한다. 학습자의 뇌 구조와 정서적, 인지적 발달에 따라서 영어 학습법도 달라져야 한다는 얘기다.

한때 엄마표 영어로 온 대한민국이 '원서 읽어서 탑 쌓기'에 열을 올렸던 때가 있다. 하지만 우리 아이가 영어를 늦게 시작한 사춘기에 접어드는 아이이고, 영어로 듣고 말하는 환경을 전혀 접할 수 없는 상황이라면 과연 이 방법이 효과적인 아웃풋으로 학습자를 이끌 수 있을까? 고민해 볼 문제다. 반대로, 우리 아이가 초등학교에 입학하면서 영어를 시작한다고 치자. 어차피 대한민국에서 태어나서 '입시'를 피해 갈 수 없으니 초1부터 단어를 하루에 100개씩 암기하고 문법을 공부하는 것이 우리 아이의 평생 영어를 책임질 수 있을까? 이 또한 고민해 볼 문제다.

아마도 이 글을 읽고 있는 대부분의 독자는 위 두 질문에 고개를 절레절레 저었을 것이다. 학습자의 나이와 시기에 맞는 영어 학습법을 통해 자연스럽게 영어를 언어로써, 학습으로서 받아들일 수 있다면 얼마나 좋을까? 그 노하우가 바로 우리 학원에 있다. 우리 학원은 초등학교 저학년과 초등 단계에서는 '외부적 동기 부여' 활성화에 큰 노력을 기울인다. 여기서 '외부적 동기 부여'란, 다양한 학습 이벤트인 리딩 마라톤, 팀워크가 중요한 프로젝트 데이, 쿠킹 데이, 아트앤크래프트 데이 등을 통해 영어에 대한 효능감을 높여 주는 방법을 말한다. 또한, 꼭 학습 이벤트뿐만 아니라, 소소한 재미를 끌어낼 수 있는 학원 이름으로 거꾸로 삼행시 짓기, 학원에서 일 년간 공부하면서 가장 좋았던 점과 새해에 바라는 점 영어로 말해 보기, 영어로 퀴즈 맞히고 쿠폰 따서 푸드 트럭에서 간식사 먹기(실제로 푸드 트럭을 학원으로 불렀다.), 5월 가정의 달 행사 때 온 동네가 떠들썩할 만큼 크고 화려하게 퍼레이드 열기 등 수많은 행사들이 진행되고 있다. 사실 우리 학원은 지역에서 '숙제도 많고 시험도 보고 시험에 통과 못 하면 집에 가지 못하는 빡센 학원'이라고 소문이 나 있다. 그런데 그와 동시에, '그렇지만 아이가 가기 싫다고 하지 않고 재밌다고 하는 이상한 학원'이라고도 소문이 나 있다. 학원장으로서 이런 소문은, 1억을 주고도 살 수 없는 귀한 것이 아닐까? 정말 감사한 일이다. 우리는 그 이유를 학습자의 시기에 맞는 적절한 동기 부여를 함으로써 영어 효능감을 최대치로 높이는 우리 학원의 다양한 스토리에 있다고 생각한다. 우리 학원을 2년 넘게 다닌 학생들은 해마다 5월이 되면, "이번 달 말에 코니 퍼레이드에서는 뭘 할 거예요?"라고 묻고, 10월이 되면 "이번엔 어떤 페스티벌을 할 거예요?"라고 묻는다. 우리 학원의 '전통'과 '스토리'에 일부가 되어 있는 재원생들을 보고 있으면 흐뭇함에 미소가 지어진다. 그래서 5월과 10월은 모든 재원생들이 한마음이 되어 더 많은 학습 포인트를 달성하기 위해서 더 열심히 공부한다. 선생님 중 그 누구도 강압적으로 시키지 않았음에도 말이다. 영어 학습이 즐거우면 실력이 오른다. 영어 실력이 올라가면 영어 학습이 더 즐겁다. 이 선순환이 꼬리에 꼬리를 물고 이어지면서, 우리 재원생들의 영어 실력은 일취월장하고 있다.

자, 그렇다면 이제 초등 고학년, 중등에서 동기 부여는 어떻게 유발할 수 있을까? 우리 학원 재원생들이 꾸준히 2년 이상 영어 공부를 지속했다면, 그때부터 서서히 우리 선생님들과 원장인 나는 외적 동기 부여와 내적 동기 부여의 비율을 조절해 나가기 시작한다. 여기서 '내적 동기 부여'란 바로 학습자가 스스로 달성한 영어 실력 검증에서 나오는 자기만족이다. 다양한 이벤트와 행사도 물론 즐겁지만, 이 시기부터는 자신이 꾸준히 쌓아 올린 영어 실력을 점검할 수 있는 다양한 대내외 시험과 대회를 통해서 그동안의 노력을 보상받을 수 있는 계기가 있어야 한다. 대회 준비를 위해 한 달 정도 몰두해 준비한 학생들이 좋은 결과를 얻으면, 그때부터 영어 학습에 대한 내적 동기는 어른이 상상할 수 없을 만큼 빠른 속도로 높아진다. 실제로 우리 학원을 꾸준히 다닌 많은 학생들이 그 성장의 좋은 예시들이다. 대내외 시험이나 대회를 준비하는 학생들은 준비 기간 동안 힘들다고, 괜히 했다고 볼멘소리를 하기도 하지만, 시험 결과나 대회 결과를 떠나 과정 자체에서 오는 동료애와 치열함, 게을러지는 자신과의 싸움에서 승리한 성취감 등을 느꼈기에, 한 번 도전한 학생은 그다음 학기에도 꾸준히 도전한다. 이런 학생의 높은 영어 효능감은, 학습자의 '평생 영어'를 책임질 수 있는 영어 자존감으로 자연스럽게 그 맥락을 이어간다.

이 간단한 원리만 잘 이해할 수 있다면, 우리 아이에게 잘 맞는 학원을 찾고 싶은 학부모도, 학생을 즐겁게 하지만 결과는 확실하게 이끌어 나가고 싶은 선생님과 학원장들도 원하는 결과를 이끌어 낼 수 있다.

기억하자. 우리 아이들의 영어는 '다채로운 스토리로 영어 효능감 키우기.' 이것이 기본이고 전부다.

• 이현진 원장이 전하는 학원 브랜딩 꿀팁 7 •

영어울렁증, 영포자가 난무하는 대한민국 영어 사교육 시장. 그 이유는 바로 '첫 단추'가 잘못 끼워졌기 때문이다. 영어는 학습이기도 하고 언어이기도 하고 다른 나라의 문화를 체험하는 루트를 마련해 주는 도구이기도 하다. 이렇게 중요한 영어를 즐겁게, 하지만 확실히 결과가 나오게 가르치고 싶다면, 그 정답은 '영어 효능감 키우기'에 있다. 학습자의 시기에 적절한 동기부여 환경을 조성하여 영어 효능감을 적절히 살려주는 것이 학원과 학부모의 역할이다.

CHAPTER

02

미래를 계획하라

김지운

입시를 이기는 독서의 힘

COMPETE WITH BRANDING

1. 위기에 처한 독해력

글을 읽지 않는 대한민국

2022년 8월 발표한 교육부와 한국교육과정평가원의 「국가수준 학업성취도평가 결과」에 따르면, 최근 3년간 우리나라 학생들의 국어 성적은 뚜렷하게 하락했다. 국어 보통 학력 이상인 고2 학생의 비율은 코로나19 팬데믹 이전인 2019년 77.5%에서 코로나 1년 차인 2020년에 69.8%로, 2년 차인 2021년에 64.3%로 줄었다. 같은 기간 국어 보통 학력 이상인 중3 학생의 비율 역시 82.9%에서 75.4%, 74.4%로 줄었다. 국어 수업을 못 따라가는 수준인 기초학력 미달 학생은 4%에서 7.1%(고2 기준)로 두 배

가까이 증가했다.

  어른들이라고 안심할 수준은 아니다. 오히려 더 걱정
스럽다. OECD에서 10년마다 실시하는 「국제성인역량조
사(PIAAC)」 2013년 발표에서 우리나라 35~44세의 언
어능력은 24개국 평균보다 낮았고, 45~54세는 하위권,
55~65세는 최하위권이었다.
  2021년 9월 교육부와 국가평생교육진흥원(국평원)이
발표한 「제3차 성인문해능력조사 결과」에서는 읽고 쓰지
만 경제생활에 어려움을 겪을 만한, 중3 이하 언어능력
(수준3)을 가진 사람이 40대는 8.5%, 50대는 17.2%, 60대
는 35.4%로 나타났다.

  학생들과 젊은 세대들이 '심심한 사과'의 뜻을 오해하고
금일을 금요일로, 사흘을 4일로 생각하는 것은 우리 사회
전체의 심각한 언어능력 문제를 보여주는 단편적인 예시
일 뿐이다.

세계에서 가장 뛰어난 한글을 사용하고, 높은 교육열을 자랑하고 있는 우리나라의 현실이라니 믿기 어렵다. 글은 읽을 수는 있으나 내용을 제대로 이해하지 못하는 사람이 꽤 많은 것이다. 글을 제대로 읽는다는 것은 단순히 문자를 눈으로 따라가는 것이 아니라, 그 글에 담긴 내용과 의미를 통합적으로 받아들이고, 글의 속뜻을 이해하는 독해력을 포함하는 의미이다. 이런 독해력을 갖춘 사람들이 점점 줄어가고 있다. 학생들의 경우에는 해당 학년의 교과서조차 제대로 읽어내지 못하는 학생들이 점점 많아지고 있다.

우리 아이들의 독해력 하락은 이유가 있다

학생들은 스마트폰, 태블릿, 노트북 등 다양한 디지털 기기를 일상적으로 사용하고 있다. 이러한 디지털 기기의 보급률이 높아짐에 따라, SNS나 다양한 온라인 플랫폼에서의 정보 소비 또한 급격히 증가했다.

특히 SNS는 짧고 간결한 정보 전달에 최적화되어 있어, 트위터의 140자 제한처럼 짧은 문장으로 빠르게 핵심을 전달하는 경향이 있다. 또한 유튜브, 인스타그램 등의 플랫폼은 시각적 콘텐츠 중심으로 구성되어 있어, 글보다는 사진이나 영상으로 정보를 전달하는 방식을 선호한다.

이렇게 디지털 환경은 정보를 빠르고 간결하게 소비하는 문화를 촉진했는데, 이는 학생들의 독해 습관에도 영향을 미쳤다. 전통적인 도서나 잡지와 같은 긴 글을 깊이 있게 읽는 습관은 점차 줄어들고, 그 대신 짧고 간결한 정보를 빠르게 스캔하는 습관이 강화된 것이다.

이러한 변화는 학생들의 집중력 감소와 정보 처리 능력의 변화를 불러왔다. 깊이 있는 내용의 이해와 장시간 동안의 집중력은 약화 되지만, 다양한 정보를 빠르게 스캔하고 소화하는 능력은 향상되었다.

기억하기만 강조한 교육의 문제

전통적인 교육 방식은 대체로 지식 전달 중심의 강의 방식을 기반으로 한다. 교사나 강사가 중심이 되어 지식을 전달하고, 학생은 그 정보를 수용하는 수동적인 역할자이다. 이러한 방식은 학생들이 지식을 깊이 이해하기보다는 단순히 암기하는 데 초점을 맞추게 되어 있다.

특히 대한민국의 교육체계 내에서 수능이라는 중요한 시험이 존재하며, 이 시험을 통해 대학 진학의 기회를 얻게 된다. 학생과 학부모는 수능 성적 향상을 위한 학습 방법을 추구하게 되었고, 이는 결국 '기억하기' 중심의 학습 방식을 강조하게 했다.

여러 연구 자료와 기사에 따르면, 이러한 학습 방법은 학생들의 창의성과 비판적 사고 능력을 저하하는 원인이 되었다. 예를 들어, 2019년 한 연구에서는 수능 중심의 교육 방식이 학생들의 독해 능력과 비판적 사고 능력에 부정적인 영향을 미친다는 결과를 발표했다. 여러 교육 전문가는 기존의 교육 방식이 정보의 폭넓은 습득을 위한 '읽기' 기술을 간과하고 있음을 지적했다. 읽기는 단순한 정보의 습득을 넘어, 정보를 분석하고, 비판하며, 새로운 지식을 창출하는 데 필수적인 기술이다.

게다가 우리 학생들의 독서량도 문제점으로 지적되고 있다. 2022년 발행한 「국민독서실태조사」에 따르면 청소년 독서량은 2013년 39.5%에서 2021년 33%까지 감소했다. 39.5%도 문제인데 그마저 줄어들고 있다.

1인당 읽는 책 권수로 보면 아주 확연하게 문제를 파악할 수 있다. 우리나라의 1인당 1년 독서 권수를 조사한 결과에 따르면 2013년 10.2권, 2015년 9.9권이었으나 2021년에는 4.2권으로 대폭 감소했다. 3개월에 겨우 1권 읽는 수준이다. 책을 읽는 사람이 줄어들고 있으니 점점 독해력의 문제는 심각해질 것으로 예상된다.

• 김지운 원장이 전하는 학원 브랜딩 꿀팁 1 •

현재의 교육 시스템은 학생들에게 단순히 정보를 '기억'하도록 훈련하는 것에 중점을 두고 있다. 이제는 '읽기'의 중요성을 인식하고, 이를 교육 과정에 통합시키는 것이 시급한 시점이다. 시대는 점점 혼자 정보를 수집하고 판단하고 사용하는 추세로 변화되고 있다. 이런 상황에서 학원에서는 독서교육을 통해 문서로 만들어진 정보를 정확히 이해하고 활용하는 능력, 독해력 문제를 해결하고자 노력해야 한다.

---

2. 공부 그릇을 키우는 독해력

공부 머리가 좋은 아이들의 특징

우리가 항상 궁금했던 것은 '공부를 잘하는 아이와 못하는 아이는 무엇이 다를까?'이다. 어떤 아이는 공부를 별로 안 하는 것 같은데 성적이 우수하고 어떤 아이는 오랜 시간을 공부하는데도 성적이 잘 오르지 않는다. 전문가들은 이를 배경지식이나 지능이 아닌 기초 학습 능력 부족으로 보고 있다. 그중에서도 '읽기' 능력을 꼽는다.

'읽기' 능력은 단순히 글자를 읽어 내는 것이 아니다. 글자의 단순한 뜻뿐만이 아니라 글의 속뜻까지 이해하는 독해력을 의미한다. 지식 습득과 정보 이해의 핵심 도구로서의 독해력은 문제 해결과 분석력을 향상하는 데에도 중요한 역할을 한다. 독해력이 뛰어난 학생들은 글을 읽으면서 문제의 요지를 파악하고, 주장과 근거를 분석할 수 있다. 이는 수학 문제를 해결하거나 과학 실험 결과를 분석하는 등의 상황에서 도움이 된다. 독해력은 국어뿐만이 아니라 모든 학습의 기반이자 학교 성적을 좌우하는 중요한 능력이다.

독해력이 높은 학생들은 문제를 정확히 이해하고 필요한 정보를 빠르게 추출하여 해결하는 데 능숙하므로, 같은 시간을 공부해도 독해력이 낮은 학생보다 학업 성취도가 더 우수하다.

독해력이 부족한 학생들은 글을 읽을 때 글자만 읽고 글의 내용을 잘 파악하지 못하고 정보를 흡수하지 못하고 놓치게 된다. 학년이 올라갈수록 학습의 난도가 높아지고 학습량이 늘어나게 되면 독해력의 부족은 결국 학업 성적의 부진으로 이어지게 된다.

최근에는 새로운 교육 과정이 도입되면서 독해력이 문제 해결에 필수적인 요소로 주목받고 있다. 이것은 일반 교과뿐만 아니라 수학까지도 해당한다. 특히, 논술이 강화되면서 단순한 지식보다는 주어진 지문을 이해하고 지문 사이의 연관성을 파악하여 해답을 도출하는 능력이 더욱 강조되고 있다. 독해력이 우수한 학업 성적을 얻는 데 얼마나 중요한 요소인지를 잘 보여 주는 현상이다. 독해력은 학업 성취도에 직결되는 핵심적인 능력임이 분명하다.

독해력이 떨어지는 아이들의 특징
독해력이 떨어지는 학생들의 공통점을 살펴보면 아래와 같다.

- 읽기 유창성 부족
- 어휘력 부족
- 정보 수집 능력 부족

- 배경지식 부족
- 잘못된 읽기 습관

읽기의 유창성은 글을 빠르고 정확하게 읽는 능력이다. 단순한 단어의 해독이 아니라 텍스트의 의미를 파악하며 읽는 것을 뜻한다. 읽기 유창성은 읽기 이해와도 밀접한 관계가 있으므로 이것이 부족한 학생들은 글을 이해하는 능력이 부족하므로 학습 능력이 떨어지게 된다.

어휘력은 독해력에서 가장 중요한 요소이다. 글을 읽을 때 모르는 어휘가 많으면 글의 내용을 이해할 수가 없다. 어휘력 부족은 교과서의 학습 용어도 제대로 이해하지 못하는 결과로 이어지고 결국 학교 공부에 큰 걸림돌이 될 수 있다. 어휘력 향상을 위한 가장 좋은 방법은 꾸준한 독서이다. 그 외에도 한자, 속담, 사자성어 그리고 신문 기사나 사설 읽기 등의 방법도 도움이 된다. 특히 신문 기사나 사설은 폭넓은 어휘와 용어를 익힐 수 있을 뿐 아니라 다양한 배경지식도 얻을 수 있어 일거양득의 효과를 볼 수 있다.

잘못된 읽기 습관 또한 독해력을 떨어뜨리는 중요한 요소로 작용하고 있다. 대표적으로 소리 내어 읽거나 속발음을 하면서 읽는 방식이다. 소리 내어 읽는 방식은 간단한 정보를 외우거나 맞춤법을 확인하고 시를 암송할 때는 도움이 된다. 책을 소리 내어서 읽으면 뇌가 정보를 처리하는 능력이 현저히 떨어지고 문장 속의 단어를 인식하고 발음하는 과정에서 글을 이해하는데 쏟아야 하는 집중력을 빼앗기게 된다.

독서는 글을 이해하고 글쓴이의 생각을 추론하는 과정을 통해 독해력을 향상하는 효과적인 방법이다. 하지만 잘못된 읽기 방식은 독서의 효과를 떨어뜨리고 독해를 방해할 수 있다. 따라서 잘못된 읽기 방식을 인식하고 개선하는 것이 중요하다.

• 김지운 원장이 전하는 학원 브랜딩 꿀팁 2 •

공부를 잘하는 학생들로 키우고 싶은가? 공부 그릇이 '크게' 자라길 바란다면 독해 능력에 주목해야 한다. 독해력이 부족한 학생들의 독서 상태를 점검하고 읽기 능력을 끌어올리자.

3. 독해력 확실히 키우는 방법

글을 읽는 행위는

눈이 하는 것이 아니라 뇌가 하는 일이다

공부의 기초이자 핵심 능력이 독해력이라는 것과 독서 교육 강조만이 독해력을 기르는 데 한계가 있음을 알게 되었다. 독해력이 부족한 학생들의 독서 활동은 오히려 부담으로 작용할 수 있으며, 이는 책에 대한 흥미를 떨어 뜨리고 독해력 향상에 악영향을 끼칠 수 있다.

독해력을 향상하는 가장 효율적인 방법은 독해가 이뤄 지는 과정에 대한 이해가 먼저 이뤄져야 하고 그 과정을,

훈련을 통해 숙달시키는 방법을 찾아보는 것이다. 글을 읽는 것은 눈으로 글자를 판독하고, 그 글자들로 이뤄진 단어가 어떤 의미인지 파악하고, 단어들로 이뤄진 문장의 의미, 문장들로 이뤄진 글의 전체적인 요지를 알아내는 것이다. 우리가 글을 읽는 것은 눈을 통해 들어온 정보를 이미지화하여 각각 필요로 하는 두뇌와 연결하고 저장하여 기억하는 복잡한 정보 처리 과정이라고 볼 수 있다.

독해력이 우수한 학생들은 글을 읽는 동안 이렇게 복잡한 과정이 순식간에 이뤄지게 되는 것이다. 반면 독해력이 떨어지는 학생들은 글을 이해하는 능력이 부족하다는 것만을 의미하는 것이 아니라 글을 읽는 동안 눈과 두뇌의 정보 처리 과정이 효율적으로 기능을 하지 못한다는 것을 의미한다.

독해력 향상하는 언어 정보 처리 능력

① 의미 단위 읽기 훈련

대부분의 학생은 글을 읽을 때 띄어쓰기 혹은 단어 단위로 읽는 습관이 있다. 뇌는 하나의 단어를 하나의 정보 처리로 인식하기 때문에 단어의 개수가 늘어나면 처리해야 하는 정보의 단위가 많아져서 언어 정보 처리 능력이 떨어지게 된다. 단어들을 처리하느라 글의 내용을 분석할 여유가 없게 되고 글이 길어질수록 그 내용을 이해하는 데 어려움이 생기게 된다.

그뿐만이 아니라 책을 읽게 될 때 글 읽는 속도도 느려지고 오류도 많이 발생한다. 그렇다면 독해력을 기르기 위해서 단어 단위 읽기를 버리고 최대한 이해할 수 있는 범위까지 하나의 의미로 묶어 의미 단위 읽기 능력을 향상해야 한다.

의미 단위 읽기는 단어에서 구로, 구에서 절로, 절에서 문장으로 한 번에 이해하고 기억할 수 있는 의미 단위의 범위를 늘려가는 것이다.

이렇게 의미 단위를 확장하게 되면 인지 부담을 줄이고 이해력과 기억력을 높여 줄 수 있다.

의미 단위로 글을 읽는 방법은 다음 예시를 통해 알아 보자. 우선 다음 문장을 단어 단위로 끊어서 읽어 보자.

"과학은 / 지식의 / 집합이 / 아니라 / 인간과 / 생명과 / 우주를 / 대하는 / 태도이다."

단어 단위로 읽게 되면 문장 전체를 기억하거나 핵심 내용을 파악하기는 어려울 것이다.

이 문장을 의미 단위로 나눠 읽는다면 다음과 같이 읽을 수 있다.

"과학은 / 지식의 집합이 아니라 / 인간과 생명과 우주를 대하는 / 태도이다."

이렇게 나누면, '과학'이라는 주제에 대해, '지식의 집합이 아니라'라는 부정적 표현을 통해 기존의 과학에 대한 관점을 부정하고, 그 후 '인간과 생명과 우주를 대하는 태도'라는 새로운 정의를 제시하는 구조를 명확하게 이해할 수 있다.

의미 단위 읽기가 하나의 의미 덩어리 안에 더 많은 의미 정보를 더 결합하는 것인데. 모든 글이 의미상 연결된다. 이렇게 한 번에 처리되는 정보의 양을 늘리고 처리해야 하는 정보의 수를 줄이게 되면 작업 기억의 용량이 확보되면서 사고와 이해를 할 수 있게 된다.

하지만 의미 단위 읽기를 할 때 고려해야 할 점은 마치 사진 찍듯이 넓은 의미를 한눈에 봐야 한다고 생각할 수 있지만 이는 불가능하다. 이해가 되지 않았는데 억지로 의미 단위를 확장하지 말고 점차 넓혀 가는 연습을 통해 이해되는 만큼 넓혀 가면 된다.

② 독서를 통해 확장되는 워킹메모리 능력

워킹메모리(작업 기억)는 독해 능력의 기초이자 의미

단위 읽기를 수행하는 데 있어서 두뇌의 가장 기본적인 개념이다. 글을 읽고 이해하는 독해의 과정은 먼저 단어의 의미를 파악하고 이어 문장의 의미를 이해하고 그것을 바탕으로 전체 글의 주제를 파악하는 아주 복잡한 처리 과정을 거친다. 워킹메모리 용량이 충분해야 이 과정이 효율적으로 진행되는데, 워킹메모리의 용량이 작으면 이미 읽은 내용을 기억하지 못해 앞의 내용을 여러 번 반복해서 읽어야 해서 글 읽는 속도가 떨어지게 된다. 그뿐만 아니라 글 전체의 구조를 파악하지 못하는 것은 물론 주제를 제대로 파악하는 것도 어렵게 된다. 워킹메모리 능력은 언어와 학습에 큰 영향을 미치고 공부에 있어서 필수적인 능력이라 볼 수 있다.

워킹메모리 능력을 키우는 데는 독서보다 좋은 것은 없다. 워킹메모리는 독서할 때 일어나는 다양한 주제와 관련된 정보를 획득하고 기억하고 이해하는 과정에서 활성화되기 때문이다. 이를 통해 문제 해결 능력과 논리적 사고 능력을 향상할 수 있다.

예를 들어, 과학책을 읽으면 다양한 과학 개념, 이론, 실험 결과 등을 얻을 수 있다. 독서를 통해 그런 정보를 읽고 이해하는 과정에서 워킹메모리가 활용된다. 학생들은 읽은 내용을 기억하고 이를 문제 해결이나 실험 설계와 같은 활동에 사용할 수 있다.

워킹메모리는 소설이나 문학 작품을 읽을 때도 사용된다. 이 작품들은 여러 명의 캐릭터, 복잡한 이야기 구조, 변화하는 상황을 담고 있다. 학생들은 책을 읽으면서 인물들 간의 관계를 이해하고 이야기의 전개를 따라가야 한다. 이 과정에서 워킹메모리가 활성화되어 작품을 분석하거나 해석하는 데 도움을 받을 수 있다.

워킹메모리를 확장하기 위해서는 다양한 주제와 장르의 책을 선택해서 읽는 것이 중요하다. 그래야 많은 정보와 폭넓은 관점을 얻을 수 있다. 또한, 읽은 내용을 요약하고 정리하는 습관을 갖는 것도 도움이 된다. 읽은 후에는 읽은 내용을 간략하게 요약하고 중요한 아이디어나 사실을 정리해 보는 훈련을 하면 좋다. 이렇게 하면 읽은 내용을 더 명확하게 이해하는 데 도움이 되고 워킹메모리에 저장된 정보의 양과 질이 향상된다.

③ 비문학 지문 요약 훈련

수능 국어 시험에 관한 내용은 해마다 크게 달라지지 않는다. 다양한 상황 혹은 다양한 글을 읽고 사실적, 추론적, 비판적으로 이해하고 창의적으로 적용하는 능력을 평가하는 시험이다.

한마디로 수능 국어는 언어의 사고력, 독해력을 측정하는 시험이라고 해도 과언이 아니다.

또한 독서 영역에서는 인문·예술, 사회·문화, 과학·기술 분야의 다양한 글을 제재로 하여, 독서의 원리와 방법에 대한 지식과 아울러 어휘력, 사실적·추론적·비판적·창의적 사고력 등을 측정할 수 있는 문항을 출제한다. 또한 주어진 시간 안에 해당 지문을 배경지식이 없더라도 정확하게 읽고 분석하는 능력이 요구된다.

짧은 시간 안에 집중력을 발휘하여 정확하게 지문을 이해해야 한다. 이는 문제 풀이로 해결되는 것이 아니라 다양한 글을 읽고 특히 비문학의 서적을 읽고 중심 문장을 찾아 요약하는 과정을 통해 길러질 수 있다.

비문학 지문을 읽고 요약하는 훈련을 하다 보면 독해력에서 가장 중요한 능력인 중요한 것과 덜 중요한 것을 구분할 수 있는 중요한 정보를 간추릴 수 있는 능력이 생기게 된다. 지문을 읽어가면서 단락별로 핵심어, 중심 문장, 글의 주제 등을 찾아 자신만의 언어로 중요한 내용을 정리하는 것이다.

글을 읽을 때 글의 흐름이 어떤 순서로 전개되는지를 생각하면서 읽는 것이 중요하다. 이런 훈련이 익숙해지면 자연스레 단락별로 글이 눈에 들어오게 되고 지문의 구조와 패턴을 파악하게 된다.

유독 국어 성적이 낮은 이과형의 학생들에게 효과적인 방법이다. 특히 사실적 사고 문제 유형의 학생들에게 매일 하나씩 꾸준하게 요약 훈련을 시켜 보아라. 처음에는 지문 하나를 요약하는 데 오랜 시간이 걸리고 핵심어를 찾는 게 쉽지 않을 것이다. 하지만 훈련 기간이 늘어날수록 중요한 것과 중요하지 않은 것을 구분하는 눈이 생겨나고 글을 읽는 속도까지 향상되는 것을 볼 수 있다.

비문학 지문을 요약하는 훈련을 꾸준히 하다 보면 독해력이 늘어 결국 수능 국어 성적에도 좋은 결과를 맺게 될 것이다.

• 김지운 원장이 전하는 학원 브랜딩 꿀팁 3 •

학원에서 독해력을 훈련해야 하는 이유(Why)를 알게 되었다면, 이제 어떻게(How), 구체적인 실천할 수 있는 방법을 제시한다. 의미 단위 읽기 훈련, 독서를 통해 확장되는 워킹메모리 향상 훈련, 비문학 지문 요약 훈련은 독해력을 기르는 필수 훈련이다.

4. 입시를 이기는 독서의 힘

수능 만점자의 공통점 - 독해력과 독서

"독서를 하면 글 읽는 속도가 빨라져서 교과서나 참고
서의 내용을 빨리 읽고 이해할 수 있었어요."

이 말은 『1등은 당신처럼 공부하지 않았다』에 나온 수
능 만점자 30명의 공통된 만점 비결 중 하나이다. 이 책에
는 수능 만점자 30명의 인터뷰가 소개되어 있는데 이들
중 90%의 학생이 어렸을 때부터 꾸준히 해온 독서 습관
을 승리의 요인으로 꼽고 있다. 독서를 통해 다양한 지식
을 습득하고 독해력과 사고력을 키운 것이 도움이 되었다
고 한다.

서울대 경제학부 이영래 씨(2017학년도 만점자)는 초등학교 3학년부터 신문을 보고, 연세대 의예과 김태현 씨(2018학년도 만점자)는 1년에 책을 500권씩 봤다고 말한다. 이들은 공부에서 독서가 진정한 자기주도학습이자 수능 만점의 핵심 비결이라 말한다.

이런 사례는 우리 주변에서도 만날 수 있다. 실제 민사고에 합격하거나 서울대에 진학한 친구들은 책을 씹어 먹는 여우들이었다. 소위 독서광이다. 내신 준비로 바쁜 시기에도 이들은 틈틈이 시간을 내 독서하는 친구들이다. 어릴 적부터 책 읽기 습관이 제대로 잡혀 있었기에 독서는 자연스러운 일상이 되었다.

규칙적인 독서는 인내심과 집중력을 강화한다. 이렇게 다져진 집중력은 밀도 있는 학습을 가능하게 해 같은 시간을 공부해도 다른 아이보다 성적이 좋다. 꾸준하고 주체적으로 책을 읽는 습관은 자기 주도 학습으로 이어진다. 자율적으로 판단하고 결정하는 힘이 필요한 미래 사회에 꼭 필요한 역량을 미리 갖추는 것이다. 또 책을 읽으면서 배경지식을 쌓아갈 수 있고, 생각하는 힘과 글을 읽고 이해하는 독해력이 자연스럽게 길러진다. 책 읽는 학생은 학년이 올라갈수록 진가를 발휘한다. 이들에게는 공부란 독서로 시작해서 독서로 끝나는 것이다.

실제로 한국교육개발원에서 실시한 설문조사에도 '독서 환경과 학업 성취도 사이에 상관관계가 높다'라는 결과가 나왔다. 성적 상위 10%의 학생 중 35.1%는 매일 신문을 읽고, 20%는 어려서부터 책 읽기를 좋아했던 것으로 나타났다. 반대로 심각한 학습 부진을 보이는 학생의 대표적인 이유는 독서 능력의 부족이었다. 학습 부진 학생 중 초등학교 1학년 99%, 2학년 90%, 3학년 70%가 독서 능력 부족이 그 이유였다.

간혹 독서를 좋아하지 않아도 성적이 좋은 학생도 볼 수 있었다. 하지만 그런 학생은 학년이 올라갈수록 성적의 한계를 드러냈다. 죽어라 열심히 공부를 해도 최상위권의 성적은 나오지 않았다.

학원을 운영하는 측면에서 볼 때, 고등 과정에서는 단순한 문제 풀이나 암기 위주의 지식 습득으로는 좋은 성적을 기대할 수 없다. 특히 매번 달라지는 수능 시험 제도와 잦은 교과 과정의 개편은 이러한 학생들을 더 곤혹스럽게 만든다. 하지만 오랜 기간 독서를 통해 독해력을 제대로 쌓아온 학생들은 이러한 변화에 흔들리지 않고 계속 좋은 성적을 거둘 수 있었다. 결국 입시를 가장 효과적으로 준비하는 것은 수능 만점자들에서 볼 수 있었던 독서를 기반으로 한 교육이다.

• 김지운 원장이 전하는 학원 브랜딩 꿀팁 4 •

입시에서 성공하고 싶은가? 수능 만점자들은 하나같이 '독서'라고 강조한다. 독서는 현 입시제도를 돌파하는 가장 효과적인 방법이다. 학원에서 독서형 인재를 키우자!

---

5. 서울대는
독서로 생각을 키운 사람을 기다린다

서울대 학생부종합전형

서울대는 글로벌 리더로 성장할 창의적 인재를 선발하기 위해 학업 능력뿐만 아니라 학업에 대한 노력, 의지, 열정, 적극성, 도전 정신, 발전 가능성 등을 종합적으로 평가하는 학생부종합전형을 실시한다.

'학교생활기록부 등 제출 서류에 기반을 둔 종합적이고 다면적인 평가'를 하는데, 교과 성적, 교내 활동의 결과만을 평가하는 것이 아니라 그 동기와 과정까지 다면적이고 심층적으로 평가하는 방법이다.

서울대는 학생부종합전형 준비를 위해 교과서, 수업 내

용을 바탕으로 더 폭넓고 깊이 있게 공부하기를 요구한다. 그리고 독서를 모든 공부의 기초이자 대학 생활의 기본 소양으로 여긴다. 어떤 분야의 책이든지 읽고 또 읽는 사이에 생각하는 힘, 글쓰기 능력, 전문 지식, 의사소통 능력, 교양을 쌓을 수 있음을 강조하고 있다. 타의에 의한 수박 겉핥기식 독서가 아닌 수많은 가운데 그 책이 지원자에게 왜 의미가 있었는지, 읽고 나서 어떤 변화를 주었는지 생각하기를 권한다.

독서를 통해 길러진 언어를 이해하고 표현하는 능력과 축적된 지식과 경험을 지원자의 고교 생활 전반에서 드러내야 하는 것이다.

서울대는 서류 평가뿐만 아니라 면접 및 구술고사에서도 독서가 중요하다. 각 교과목 수업을 통해서 해당 과목의 내용을 깊이 이해하고 소화하는 공부가 필요하다. 학습 과정에서 관련 도서도 찾아 읽고, 토론, 탐구, 과제 등 학습 활동을 하면서 더욱 깊이 있는 학습 경험을 하는 것이 중요하다고 판단하는 것이다.

인문학, 사회과학 관련 면접 및 구술고사는 다소 깊이 있는 제시문을 활용하기 때문에 평소에 독서 활동을 성실히 했다면 잘 풀어나갈 수 있다. 단기간의 면접 및 구술고사 준비로는 해결할 수 없으며, 독서와 각 교과목에 깊이 있는 이해가 바탕이 되어야 우수한 학업 소양이 드러날 수 있다고 한다.

하지만 대부분의 학생은 입시 준비를 위해 국·영·수 문제 풀이에만 힘을 쏟고 있지 않은가? 24시간 내신 공부에 힘을 쏟아부어도 좋은 성적을 내기가 힘들기도 하다. 독해력이 부족하기에 공부하는 데 물리적, 심리적 여유가 없으므로 독서 활동은 감당하기 힘든 일이 되기도 한다. 우선 독서 경험이 부족한 학생들은 어떤 책을 읽어야 하는지 선택하기가 힘들고, 수준이 어느 정도 되는 책을 읽고 이해할 능력도 부족한 터라 제대로 된 독서 이력을 만들어 내기가 쉽지 않다.

서울대 합격생들은 뛰어난 지능과 특별한 유전자로 대학을 입학한 것이 아니다. 그들을 합격의 길로 이끈 것은 바로 독서의 힘이다. 서울대에 들어가기 위해서는 어린 시절부터 꾸준하게 이어져 온 집중적인 독서임을 잊지 말아야 한다.

서울대 합격생의 독서법

서울대 합격생들이 말하는 독서의 중요성은 크게 3가지로 요약할 수 있다.

첫 번째, 몰입해서 책을 읽는 과정을 통해 공부하는 데 필요한 집중력을 높일 수 있다.

두 번째, 책을 통한 간접 경험과 다양한 가치관을 배우게 되면서 생각이 풍부하게 된다.

마지막으로 가장 중요한 게 글을 읽는 훈련 기회를 만들어 주는 것이다. 학생들이 긴 글을 마주했을 때 혼란스러워하는데 꾸준히 독서를 하면서 글을 계속 읽어 왔다면 글을 읽고 어떤 내용을 전하는 책인지 어떤 이야기를 하고 있는지 빠르게 파악할 수 있는 능력을 갖추게 된다.

서울대 입학본부 웹진 〈아로리〉에 실린 신입생들의 인터뷰 사례를 살펴보면 독서는 단순히 지식의 습득을 넘어 생각의 깊이와 폭을 넓히는 중요한 도구임을 확인할 수 있다.

　사회과학대학 사회복지학과 신입생 J 씨는 꾸준한 독서를 통해 다양한 간접 경험을 했으며, 이를 통해 인간 중심적인 사고를 반성하고, 인권에 대한 다양한 관점을 이해하게 되었다고 한다. 독서를 통해 세계관이 무너지고, 재구성되고 확장되는 경험을 했다고 말한다. 이를 통해 발표나 보고서 작성 시 다양하고 풍부한 논의를 할 수 있었으며, 대학 공부에 대한 동기를 얻을 수 있었다고 한다.

　정치외교학부 신입생 K 씨는 진로 탐색 과정에서 독서의 중요성을 깨닫게 되었다고 한다. 그는 정치학을 전공하고자 하는 의지를 갖게 된 후, 정치학에 대한 깊은 이해를 위해 다양한 고전을 읽었고, 더 나아가 다양한 학문 분야의 독서를 계속해 나갔다. K 씨는 독서가 그의 진로를 이해하고 이를 이루려는 방안을 모색하는 데 큰 도움이 되었다고 말한다.

이러한 인터뷰를 통해 독서가 서울대 입시에 어떤 역할을 하는지를 알 수 있다. 독서는 지식의 습득뿐만 아니라, 생각의 깊이와 폭을 넓히며, 다양한 관점을 이해하고 표현하는 능력을 키우는 중요한 도구이다. 따라서 입시를 준비하는 학생들은 독서를 통해 지식을 쌓고, 생각하는 힘을 키워 나가야 할 것이다.

"감히 이렇게 말해 볼까요? 서울대는 어느 학교보다도 책 읽는 사람을 환대하고, 또 그런 사람을 놀랍도록 정확하게 선발하는 학교라고요. 어려서부터 고등학교 입학 직전까지 변변한 사교육도 받지 않았고, 지방 인문계 일반고를 다니며 일부 미비한 학교 커리큘럼이나 시스템에서 아쉬움을 느끼기도 했던 제가 서울대에서 공부할 수 있게 된 가장 큰 이유는 그것이라고 생각합니다. 여러분이 읽는 것들은 여러분으로 하여금 많이 생각하게 하고 여러분의 속도로 타자를 향하게 할 것입니다. 그리고 어쩌면 여러분에게 지금 가장 뜨겁고 절실할 '바로 그 목표'를 이루기 위한 실질적인 수단이자 도구가 되어 줄 것입니다."

– 인문대학 새내기 H

출처: 서울대 입학본부 웹진 〈아로리〉

서울대 합격생들은 어떤 책을 읽었을까?

서울대에서는 2024학년도 입시부터 학교생활기록부의 독서 활동 상황이 반영되지 않고, 자기소개서가 폐지되어도 독서의 중요성을 강조하고 있다. 그 이유는 독서를 통해 쌓은 지식과 경험, 그리고 그 과정에서 얻은 사고력이 학교생활기록부를 통해 그대로 나타나기 때문이다.

서울대의 새내기들은 독서를 통해 자신의 지적 역량을 키워 나갔다. 그들의 독서 경험을 통해 학문의 세계를 넓히고, 다양한 관점으로 사고하는 힘을 기르며, 타인의 의견을 존중하고 이해하는 모습을 볼 수 있다. 그들의 이야기는 독서가 단순히 정보를 얻는 수단이 아니라, 생각하는 힘을 기르고, 자신의 세계를 넓히는 중요한 과정임을 보여 주기 때문이다.

서울대는 해마다 신입생들이 많이 읽은 책들의 리스트와 단과대별로 가장 많이 읽은 책의 순위도 발표하기도 한다. 그 순위는 다음과 같다.

2022학년도 지원자들이 가장 많이 읽은 도서 20권

순위	인원	제목	순위	인원	제목
1	288	침묵의 봄 레이첼 카슨	11	147	엔트로피 제레미 리프킨
2	227	멋진 신세계 올더스 헉슬리	12	144	부분과 전체 베르너 하이젠베르크
3	215	왜 세계의 절반은 굶주리는가 장 지글러	13	140	정의란 무엇인가 마이클 샌델
4	207	팩트풀니스 한스 로슬링	14	135	1984 조지 오웰
5	198	공정하다는 착각 마이클 샌델	15	131	페스트 알베르 카뮈
6	170	이기적 유전자 리처드 도킨스	16	123	죽은 시인의 사회 N. H. 클라인바움
7	166	데미안 헤르만 헤세	17	117	총·균·쇠 제레드 다이아몬드
8	153	아픔이 길이 되려면 김승섭	18	112	선량한 차별주의자 김지혜
9	149	미움받을 용기 기시미 이치로, 고가 후미타케	19	103	숨결이 바람될 때 폴 칼라니티
10	149	사피엔스 유발 하라리	20	98	넛지 리처드 탈러, 캐스 선스타인

2022학년도 단과대학별 지원자들이 가장 많이 읽은 도서 3권

단과대학	1위	2위	(공동)3위
인문대학	데미안	선량한 차별주의자	1984
사회과학대학	공정하다는 착각	팩트풀니스	선량한 차별주의자
자연과학대학	침묵의 봄	부분과 전체	페르마의 마지막 정리
간호대학	아픔이 길이 되려면	페스트	아내를 모자로 착각한 남자
경영대학	넛지	파타고니아, 파도가 칠 때는 서핑을	팩트풀니스
공과대학	엔트로피	부분과 전체	공학이란 무엇인가 / 침묵의 봄
농업생명과학대학	침묵의 봄	왜 세계의 절반은 굶주리는가	멋진 신세계 / 이기적 유전자
미술대학	변신	디자인 인문학	인간을 위한 디자인
사범대학	죽은 시인의 사회	평균의 종말	수레바퀴 아래서
생활과학대학	이상한 정상 가족	넛지	돈으로 살 수 없는 것들
수의과대학	의사와 수의사가 만나다	인수공통 모든 전염병의 열쇠	동물해방
약학대학	새로운 약은 어떻게 창조되나	신약의 탄생	위대하고 위험한 약 이야기
음악대학	하노버에서 온 음악편지	젊은 음악가를 위한 슈만의 조언	미움받을 용기

의과대학	숨결이 바람될 때	아내를 모자로 착각한 남자	아픔이 길이 되려면
자유전공학부	팩트풀니스	데미안	1984
치의학대학원	입속에서 시작하는 미생물 이야기	치과의사가 말하는 치과의사	아픔이 길이 되려면 / 치과의사는 입만 진료하지 않는다

서울대 지원자들이 가장 많이 읽은 도서 목록을 살펴보면 다음과 같은 공통점들을 찾아볼 수 있다.

1. 다양한 분야의 책: 이 목록에는 자연과학, 사회과학, 철학, 문학 등 다양한 분야의 책이 포함되어 있다. 다양한 분야에 대한 지식과 통찰력을 갖추려는 노력을 보여 준다.

2. 깊이 있는 주제의 책: 대부분 생각을 자극하고, 사회적, 과학적, 철학적 문제에 대한 깊이 있는 이해를 요구하는 주제를 다루고 있다. 이를 통해 지원자들이 복잡하고 어려운 문제에 대해 깊이 있게 생각하려는

노력을 엿볼 수 있다.

3. 사회적 이슈와 윤리에 관한 책: 사회적 이슈나 윤리
   에 관해 다루는 책이 많이 포함되어 있다. 이를 통해
   지원자들이 현대 사회의 이슈에 대해 깊게 이해하려
   고 하며, 그것을 바탕으로 자신의 가치관과 윤리적
   판단력을 형성하려는 노력을 볼 수 있다.

4. 개인적 성장과 자기 계발에 관한 책: 이 목록에는 개
   인의 성장과 자기 계발에 도움이 되는 책들도 있다.
   이는 지원자들이 개인적인 성장과 자기 계발에 중점
   을 두고 있음을 보여 준다.

이렇게 보아 서울대 지원자들이 읽는 책들은 다양한 분
야의 지식을 쌓는 데 중점을 두고, 깊은 사고력과 통찰력,
그리고 개인적인 성장과 자기 계발을 추구하는 경향이 있
음을 알 수 있다.

하지만 어떤 책을 읽어야 할지는 자유롭게 선택하면 된다. 이 순위 목록에 있는 도서를 반드시 읽어야 한다는 것은 아니다. 개인의 관심사나 목표에 따라 선택하는 책은 다양할 것이다.

중요한 것은 어떤 책이든지 그 책을 깊게 이해하고, 그것이 자신에게 어떤 변화를 불러왔는지를 고민하는 것이다.

• 김지운 원장이 전하는 학원 브랜딩 꿀팁 5 •

서울대 학생부종합전형을 보면 입시의 길이 보인다. 독서의 힘! 주목하라.

---

6. 독해 자신감은 미래 자신감

인공지능을 대표하는 첨단 기술의 발전은 기존의 관습, 제도 및 방식을 뒤흔들며 사회 구조와 시스템에 큰 변화를 불러오고 있다. 인공지능, 로봇 기술, 빅데이터 등 첨단 정보 통신 기술이 경제와 사회 전반에 융합되어 혁신적인 변화가 예상되는 시대에 우리 학생들은 살아가게 될 것이다. 하지만 현재 우리가 힘을 쏟고 있는 지식과 직업이 미래에는 필요하지 않을 수도, 심지어 존재하지 않을 수도 있다는 사실을 염두에 두어야 한다. 아직 도래하지 않은 미래에 대비하여 알아 두고 준비해야 할 필요가 있다.

변화하는 세계에서는 새로운 미래 인재상을 요구한다.

미래 시대에는 '무엇을 아는가?'보다는 '어떻게 아는가?'에 초점을 맞춘 학습이 중요해진다. 전통적인 학습 방식에서는 대부분 '무엇을 아는가?'에 집중하여 지식을 습득하였지만, 이제는 시대의 변화 속도에 유연하게 대처할 수 있는 '핵심 역량'을 주도적으로 스스로 설계하고 함양할 수 있도록 교육해야 한다.

각 교육기관에서도 학생들이 미래 사회를 선도하는 역량을 갖추기 위해 학생 주도성을 키우고, 통합적 사고력을 기르는 교육의 필요성을 강조하고 있다. 이를 위해 독서, 토론, 글쓰기 수업과 학생 주도성을 키우는 수업, 그리고 AI를 활용한 맞춤형 수업을 강화하려고 노력하고 있다. 미래 사회에 필요한 창의적이고 융합적인 인재를 양성하기 위해 독서 교육의 중요성은 계속해서 강조되고 있다.

하지만 그냥 무조건 많이 책을 읽어 내는 독서가 아니라 독해력을 갖추고 능동적이고 비판적인 독서, 사고력 독서가 이뤄져야 한다. 세계적 인지신경과학자 매리언 울

프는 자신의 저서 『다시, 책으로』에서 디지털 세계의 엄청난 정보들은 새로움과 편리함을 가져다준 대신 주의집중과 깊이 있는 사고를 거두어 갔음을 경고하고 있다. '깊이 읽기' 능력의 상실을 지적하며 깊이 읽기 능력을 회복하는 데 온 힘을 기울여야 한다고 강조한다.

학생들의 독서 방식의 문제점 중의 하나인 빠르게 겉핥기식의 독서는 깊이 읽기 자체가 되지도 않을뿐더러 내용을 공감하기도 어렵고 중요 정보들을 건너뛰기 마련이다. 비판적 사고, 깊이 있는 사고를 기대할 수도 없을뿐더러 글에 담긴 의미를 정확하게 이해하는 능력, 독해력은 제자리걸음이 될 수밖에 없다.

앞서 재차 말해 왔듯이 독해력은 학업 성적, 입시, 수능 시험에서 필수적인 역량이다. 중·고등 학생들을 대상으로 입시학원을 운영하면서 중위권, 하위권 아이들의 성적 향상이 나의 숙제이자 해결해야 할 당면 과제였다. 중학교 내신 성적은 열심히 가르치면 그런대로 성적이 나와주었다. 하지만 고등학생은 달랐다. 아무리 내가 열강을 하고 밤새워 학습 자료를 만들어 문제를 풀려 보아도 중학생들처럼 극적인 성적 변화를 기대하기는 힘들었다.

수능은 더더욱 그러했다. 수능에 대한 수많은 질문과 고민으로 밤새워 고민하는 날들이 늘어만 갔다. 이전 학력고사와 수능을 비교해 보면 지식과 사고력의 차이였다. 학력고사는 '학생이 얼마나 많은 내용을 이해했으며 암기하느냐'를 측정하였다. 하지만 수능 시험은 알고 있는 지식을 평가하는 게 아니라 학생이 교과를 이해하고 머릿속에 담아 둔 상태에서 스스로 문제를 해결할 수 있느냐를 묻는 시험이다. '문제해결 능력'이 중요한 요소이다. 그렇다면 나는 아이들에게 무엇을 가르쳐야 할까? 라는 답이 나왔다.

그날 이후로 강의식의 하향식 수업 방식을 버리고 학생들이 능동적으로 참여하는 수업의 형태로 바꾸었다. 수업 시간에 강의 내용만을 듣고 있는 수동적인 자세를 버리고 모르는 단어가 나오면 사전을 찾아보고, 수업배용을 학생 스스로 요약 정리 하는 자기 주도적인 수업 방식을 택했다. 이런 수업의 변화에는 초창기 많은 시련이 있었다. 학생들과 부모님들이 바라는 공부의 지름길을 줄 수가 없었다. 공부에도 쉬운 길이 있을 거란 기대를 하는 학생들에겐 나의 수업 방식은 매력적이지 않았다. 더욱 쉬운 길을 알려 주겠다는 현혹에 빠져들어 결국 공부의 본질은 없어지고 후퇴하는 길을 선택하는 경우를 많이 보았다.

지금까지 내가 저술한 독서와 독해력, 그리고 수학능력시험의 본질을 이제라도 알게 되었다면 공부의 쉬운 길, 왕도는 없음을 알 것이라 믿는다.

2017년 대학수학능력 시험을 기점으로 하여 복합, 장문 지문이 처음 등장하면서 국어 난도가 상승하기 시작하여 수능의 국어 영역이 정말 어려운 시험이 되어갔다. 특히 국어 영역에서 학생들은 고전을 면치 못하였고, 좋은 대학에 들어가기 위해서는 수학보다 국어가 성적을 좌우한다는 이야기가 나올 정도이다. 킬러 문항을 없앤 2024 대학 수학능력 시험은 전 과목에서 독해력과 사고력을 요구하는 문제로 수험생들의 시험에 대한 체감 난도는 훨씬 높았다. 불수능을 넘어 용암 수능이었다고 말할 정도이다.

2017년 독해력 수업을 처음 시작할 즈음, 내가 학원을 운영하는 동네에선 독해력이라는 단어조차도 학부모님들께는 생소했다. 하물며 입시학원에서 독해력 수업이라고 하니 의아해하는 반응이었다. 하지만 독해력 수업에 대한 확신이 있었기에 변화하는 입시와 교육정책에 흔들리지 않는 역량 기르기에 무엇이 필요한지 잘 알고 있었기에 흔들리지 않았다.

무엇보다 한자를 통해 어휘를 다지고, 음독을 하고 낱글자로 글을 읽는 아이들을 의미 단위 읽기 훈련을 한 결과 글의 인지 및 이해 능력이 크게 향상되었다. 비문학 지문을 요약 정리하는 훈련은 아이들의 깊이 읽기 훈련의 초석이 되기도 하였지만 독해력을 비약적으로 향상해 주는 중요한 훈련 과정이 되었다.

내가 운영하는 수업의 목적이 문제 풀이, 기술과 요령을 가르치는 학원이 아니다 보니 조급함이 앞서는 학생들에게는 효과 없는 수업이 될 수도 있다. 하지만 스스로 생각하지 않고, 스스로 글을 읽어내는 경험을 하지 않고는 이해의 폭과 깊이를 더해 갈 수 없음을 명심해야 한다. 앞으로 더욱더 변화하는 입시와 현대사회에 살아남기 위해서는 독해력을 반드시 향상해야 하며 이를 위해서는 반드시 독서가 뒤따라야 한다.

• 김지운 원장이 전하는 학원 브랜딩 꿀팁 6 •

기존의 수업 방식에서 벗어날 수 있었던 것은 바로 '독해력의 힘'을 믿었기 때문이다. 학생들에게 머릿속에 지식을 욱여 넣어주는 학습이 아니라 독서를 통한 '독해력'을 기르는 학습이 이뤄져야 한다.

---

7. 교과서 위주로 열심히 공부했다?

"교과서 위주로 공부했어요."

수능이 끝나고 수능 만점자들의 인터뷰가 TV에 나올 때 그들의 한결같은 대답이다. 왜 교과서 공부를 강조할까? 교과서가 수능 시험에 유용했기 때문이다. 하지만 학부모들은 믿지 않는다. 학생들도 코웃음만 칠 뿐이다. 그들은 타고난 재능을 갖춘 특별한 비법을 가진 학생일 것으로 생각한다.

나를 비롯한 교육 전문가들은 선행 달리기에 힘쓰는 학부모들에게 교과서로 기초를 튼튼히 다지고 정독해야 한다고 힘주어 말하지만, 그들은 자녀들에게 교과서를 읽으라고 하기엔 오늘날의 치열한 교육 현실이 불안할 뿐이다.

하지만 명확하게 알아야 할 부분은 수능 문제의 출제 범위는 초등학교·중학교·고등학교 교과 과정 내에서 출제가 된다는 것이다. 여러 심화 학습서 또한 교과서 내용을 근간으로 하여 응용되어 있다.

교과서는 모든 지식 중에서 가장 기본이 되는 지식을 담고 있다. 이러한 지식을 제대로 쌓은 후 다른 책으로 확장하여 읽게 되면 올바른 창의적, 비판적 사고를 기를 수 있다. 또한 교과서에 담긴 주제와 관련된 독서를 하면 학생들의 사고를 확장하고 통합할 수 있을 뿐 아니라 자신감도 느끼게 된다. 이렇게 쌓은 지식은 학교 성적은 물론 대학 입시나 대학에 입학한 후에도 커다란 자산이 된다.

그렇다면 교과서는 어떻게 읽고 어떻게 공부해야 할까?

① 가장 먼저 교과서 전체의 목차와 각 단원의 학습 목

표를 파악해야 한다. 학교에서 수업을 시작할 때 가장 먼저 선생님이 칠판에 적어두는 것이 바로 학습 목표이다. 각 단원의 학습 목표는 학생이 수업 시간에 공부할 때 내비게이션과 같은 역할을 한다. 갈 곳이 어디인지 알아야 제대로 길을 찾을 수 있기에 학습 목표를 염두에 두고 공부하는 것과 대충 읽고 넘기는 것은 학습 결과에 큰 차이를 보이게 된다. 대부분의 학생은 학습 목표를 읽지 않고 넘긴다. 내가 무엇을 배우고 있고 어디까지 알아야 하는 것인지조차 확인하지 않고 시작한 공부가 효과적일 수 없는 것은 당연하다. 학습 목표 정독은 필수다.

② 또한 교과서의 목차를 외우고 학습을 하면 지식의 체계를 제대로 세울 수 있다. 모든 교과는 체계성과 틀이 존재한다. 교과서를 공부하기 전에 교과서의 목차를 미리 익혀 두고 교과서를 읽게 되면 현재 자신이 읽는 내용이 어디에 해당하는지 알 수 있다.

③ 이제 본격적으로 교과서를 읽어 보자. 교과서를 읽

을 때는 한 줄 한 줄 정독하며 꼼꼼히 읽어야 한다. 모르는 단어가 나오는 경우 사전을 이용하여 개념을 찾아 교과서에 정리하고 이해하고 넘어가야 한다. 또한 주요 핵심 어구에는 네모 표시를 하거나 밑줄을 그어 둔다. 소단원이 끝날 때마다 한 번에 읽는 것에 그치지 말고 몇 차례 회독하는 것이 정석이다.

④ 회독이 끝나면 노트에 공부한 내용을 반드시 단원별, 목차별, 핵심 어구에 따라 정리한다. 손으로 쓰는 것은 몸이 기억한다. 글쓰기를 통해 지식을 받아들이고 자기만의 방식으로 정리를 하게 되면 진정한 나의 공부가 되는 것이다.

⑤ 마지막으로 교과 단원에 관련된 책을 선택하여 확장 독서 활동을 한다. 교과서에 주목해야 할 점이 있다. 초등학교·중학교·고등학교 교과서는 모두 연계되어 있다. 초등에서 배운 내용이 중학교에서는 심화, 발전되고 고등학교에서도 마찬가지이다. 그래서 초등 때부터 교과별 주

제에 따라 확장하여 글을 읽어 두면 상위 학교에 진학했을 때 그 힘을 발휘할 수 있다.

예를 들어 보자. 초등학교 5학년 1학기 과학에서 태양계와 별이 나온다. 교과서를 먼저 읽어 태양계에 대한 개념을 먼저 이해하고 지식 확장의 활동으로 관련 도서를 찾아 읽는 것이다. 교과서에 나온 개념과 새로 읽게 된 도서와 관련된 내용을 살펴보고 추가로 알게 된 새로운 지식을 정리한다. 이러한 활동을 통해 스스로 이해하고 정리하여 잘 쌓인 배경지식은 나아가 독해력뿐만 아니라 사고력에도 여러 가지 기여를 하게된다.

교과서에는 주로 개념 설명이 되어 있다. 교과 과정에서 다루는 개념을 이야기로 풀어내는 책을 읽어 배경지식을 넓혀 가는 과정은 교과 내용을 더 깊이 익히게 도와주고 폭넓은 배경지식을 쌓게 한다. 이런 독서 활동을 하는 학생들의 성적은 학년이 올라갈수록 더욱더 성장할 수밖에 없다. 가면 갈수록 힘을 발휘하는 독서법이니 꼭 활용하길 바란다.

　중학교 혹은 고등학교에 올라가서 갑자기 성적이 곤두
박질치거나 잘 오르지 않는 것은 선행과 학원의 문제가
아니라 교과서를 뒷전에 두고 공부의 본질을 무시한 결과
이다. 교과서가 공부의 정답이다.

　내가 운영하는 학원에서 초등학교 저학년부터 시작한
교과서 트레이닝의 효과는 고등 내신 과정에서 빛을 발휘
한다. 광범위한 내신 교과 과정의 학습량은 습관화된 교
과서 정리로 시간 내에 충분히 해결할 수 있었다. 또한 교
과 연계 독서 활동은 비교과 활동에 큰 역할을 하고 있다.
교과서를 활용한 학습은 학습 효과를 높이고 성적 향상에
큰 도움이 되는 중요한 전략이다. 학생들 스스로 적극적
으로 확장 독서 활동을 계획하고 실천할 수 있도록 도움
을 주는 것은 우리가 학생들의 학습 성장을 끌어낼 수 있
는 또 다른 전략임을 강조하고 싶다.

• 김지운 원장이 전하는 학원 브랜딩 꿀팁 7 •

학원의 새로운 변신, 독해력으로 승부하라! 변화하는 입시와 교육정책 그리고 학원가의 교육 트렌드, 하지만 공부의 본질은 바뀌지 않는다. 차별화된 교육 프로그램, 학생들의 공부에 변화를 주고 싶다면 독해력에 주목하라! 기존 독서, 논술 프로그램이 아닌 이해력, 사고력, 추론력을 기르는 한 단계 더 발전된 교육을 제공하여 학생들의 '공부', '입시'에 새로운 패러다임을 제공하자. 변화된 학원을 꿈꾼다면 기존의 학습 방식 틀에서 벗어나 새롭게 변신하라.

CHAPTER

03

정상까지 함께하라

김수연

초등 공부 습관이 평생을 좌우한다

COMPETE WITH BRANDING

1. 내가 재수생이라니

"수험번호를 입력해 주세요."

ARS 기계음이 들렸다. 나는 떨리는 손가락으로 수험번호를 눌렀다. 대입 합격자 명단을 확인하기 위해 ARS 번호로 전화를 걸고, 안내에 따라 수험번호를 눌렀다. 합격 여부를 알려주는 마지막 기계음을 기다리는 시간은 천둥과 같은 심장 소리만 들리고 모든 소음이 소멸하는 것 같았다.

"불합격입니다."

차가운 기계음은 참담한 결과를 침착하고 또박또박 알려주었다. 담임 선생님이나 부모님의 기대 못지않게 나

스스로도 기대치가 있었기에 받아들이기 힘들었다. 담임 선생님은 다른 대학을 생각해 보라고 했지만, 받아들여지지 않았다. 벌써 30년도 더 지났지만 ARS 기계음이 아직도 생생하다.

대한민국 11월의 핫이슈 중 빠지지 않고 등장하는 단어가 수능이다. 워낙에 장기적이면서도 반복적인 이슈라서 수능 관련 상품이나 행사가 많이 있다. 수능이라는 단어를 떠올리는 순간 불수능, 수능 시계, 합격 떡, 드라마 〈스카이캐슬〉 등 많은 단어가 연상될 만큼 사람들에게 관심을 받는 뉴스인 것은 확실하다.

나는 지방에서 고등학교를 다녔다. 내가 세웠던 그 시절의 목표는 지금 친구들과 별반 다르지 않았던 것 같다. 조금이라도 공부를 잘한다는 학생들에게 1차 목표는 SKY, 2차 목표는 상위 10개 대학, 3차 목표는 인서울이다. 나는 그런 목표에 의문을 갖거나 '왜'라는 생각 없이 따라갔다. 매월 시험을 치고, 모의고사를 치고, 시험이 끝

나면 성적표와 함께 상담이 이루어지는 길고 긴 수능 대
장정이 시작된다.

지향점은 강력하고 확실한데, 그곳을 향한 과정과 동기
부여에 대한 부분은 깊이 생각하지 못했던 시간이었다.
내 성적이 이 정도니까 거기에 맞춰서 갈 수 있는 대학을
잘 선택하고, 이왕이면 좋아하는 학과까지 맞춰지면 좋겠
다는 단순한 생각으로 공부를 했던 것 같다.

우리 학교는 고등학교 2학년 때 상위 몇 퍼센트에 들어
가는 친구들을 학교에서 따로 자율학습을 시켰다. 나는
그 반에 편성되어서 공부를 하게 되었다. 사실 친구들과
야간자율학습을 하면 선생님 눈을 피해서 살짝 졸기도 하
고 감독 선생님이 잠시 자리를 비우시면 간식을 나눠 먹
기도 하면서 친구들과 재미있게 보낼 수 있었다. 그런데
일명 특별반은 독서실 책상 앞에서 사각거리는 연필 소리
와 책 넘기는 소리만 들렸다. 엄숙한 마치 대학 합격 결사
대 같은 느낌이었다. 그곳 친구들도 가끔 일탈을 했지만,
모의고사나 내신에 들어가는 시험 기간이 되면 침묵의 전

쟁터처럼 공부에 몰입했다.

그렇게 몇 달 지내보니 내 공부 스타일과는 맞지 않는 다는 생각이 들어 담임 선생님께 특별반에서 나가겠다고 요청을 했다. 선생님은 내키지 않아 하셨지만, 성적이 떨어지지 않게 열심히 하겠다는 다짐을 받고 허락했다.

수능일까지 고등학생의 생활은 단순한데 복잡하고, 무미건조한 것 같은데 역동적이다. 한 마디로 롤러코스터 위의 삶이라고 할 수 있다. 흔들리지 않아야 하지만, 쉽게 흔들리고 감정이 무너져 내릴 때가 한두 번이 아니다. 나도 이런 시간을 보냈다. 그런데 정작 시험 당일은 무덤덤했다. 이미 주사위는 던져진 것이고 결과에 따른 또 다른 선택이 있을 뿐이었다.

대입에 실패한 나는 재수를 선택했다. 내 인생에 재수라는 단어가 있을 것이라고 생각하지 못했고, 또 재수는 절대 하지 않을 거라고 생각해 왔다. 그런데 막상 실패라는 현실 앞에서 다른 도전은 생각이 나지 않았다. 실패의

자리에 다시 도전장을 내밀었다. 이것을 꼭 넘어야 할 것 같았다. 다행이었던 것은 재수는 절대 없다고 잔소리처럼 말씀하셨던 부모님이 나의 재도전을 허락해 주셨다는 것이었다. 학생도 사회인도 아닌 경계인의 생활이 시작되는 순간이었다.

• 김수연 원장이 전하는 학원 브랜딩 꿀팁 1 •

아이들의 감정에 관심을 기울여라. 초등부터 고등까지 아이들은 신체적인 성장과 함께 정신적인 성장을 한다. 성장은 각자의 차이는 있을 수 있지만 성장통을 동반하게 된다. 아이들을 향한 공감의 첫 출발은 그들의 감정에 대해서 관심을 기울여 주는 것이다. 감정의 골짜기를 잘 지나가서 힘을 기를 수 있도록, 지나친 개입이나 훈계가 아니라 다양한 변화에 대한 관심이다.

---

2. 드디어 합격!

    스스로 학생도 사회인도 아닌 경계인 생활을 선택했지만, 경계인은 늘 불안정했다. 학원을 선택하고 처음 가보니 학교 성적과 수능 점수 그리고 간단한 테스트로 반을 나눴다. 나의 단짝 친구도 재수를 선택하는 바람에 우리는 재수까지 함께하는 또 한 번의 절친이 되었다. 그래도 혼자보다는 낫지 않나 싶어서 학원도 같은 곳에 등록했다. 아쉽게 같은 반은 되지 못했다. 고등학교는 집에서 가까운 거리에 있어서 걸어서 다녔는데, 학원은 거리가 있어 뒤늦게 통학하는 학생이 되어서 버스를 타고 다녔다. 거기다 여고를 다녔던지라 남학생들과 함께 공부할 일이

없었는데, 재수학원은 다 남녀공학이었으니 학원 생활이
여간 불편한 게 아니었다.

사실 고등학교 시절엔 수업 이외에도 자율학습이니 뭐
니 해서 학교에 있는 시간이 많고, 쉬는 시간엔 여러 교실
에 친구들을 만나러 다니고 하면서 도시락 두 개도 뚝딱
이었는데, 학원에서는 갑자기 친구들이 그렇게 얌전할 수
가 없다. 거기다 우리 반은 흔히 말하는 SKY반이어서 그
런지 더더욱 얌전이들만 모여 있었다. 쉬는 시간에도 슥
삭슥삭 문제 푸는 소리와 책 넘기는 소리가 전부였다. 난
교실에서도 이방인이었다.

쉬는 시간이 되기 바쁘게 나는 친구들 반으로 놀러 가
고, 아니면 매점에서 몇몇이 만나 도시락에 컵라면 하나
사서 뚝딱 먹는 시간이 제일 활기찬 시간이었다. 어쩜 컵
라면은 늘 진리였다. 찬밥에도 김밥에도 궁합이 맞지 않
은 적이 없는 것 같다. 그렇게 먹으면서 쌓인 스트레스를
풀어낼 수 있었다. 그래도 공부에 대한 압박감은 완전히

사라지지 않고 매번 치는 모의고사 점수에 일희일비하면서 투덜거렸다.

학원의 내 짝은 고대 의대를 떨어진 친구였다. 쉬는 시간마다 바쁜 나에 비해 그 친구는 학원에 와서 마칠 때까지 미동도 없었다. 그래도 짝에 대한 미안함 때문에 점심은 같이 먹는 편이었는데, 점심시간에도 자기를 신경 쓰지 말라고 했다. 점심을 먹으면서 암기 과목 위주로 공부를 한다는 것이었다. 듣는 순간, 딱 체할 분위기여서 한 달이 안 되어 나는 점심시간에도 친구를 찾아 다른 반으로 갔다. 먹는 시간만큼은 보장받고 싶었다.

SKY반은 진도도 빨라서 최소 시험 때까지 두 바퀴는 돌게 되는 것 같았다. 그래서 한번 정리가 끝난 시점에 나는 재수학원은 그만 다니기로 결정했다. 결국 공부는 내가 하는 것이고, 지금부터는 나의 계획과 속도가 필요하다는 생각이 들었다. 또 지금 반이 나에게 맞지 않는다는 생각도 들었다. 어떤 친구들은 이 반에 들어오고 싶어 하는 것도 알지만, 남이 좋다고 내가 좋은 것은 아니기에 부모님께 말씀을 드리고 재수학원은 중단했다.

학교에 가서 고3 때 담임 선생님을 만나 뵙고, 진로에 대해 다시 한 번 얘기도 나누고 시험 정보나 문제들을 받아서 왔다. 그리고 집에서 가까운 독서실에 등록을 하고 공부를 시작했다. 혼자 공부해야 했기에 시간을 얼마나 적절하게 사용하는가가 관건이었다. 나는 자칫 어영부영할 수 있는 시간을 효율적으로 보내기 위해 나름의 원칙을 만들었다. 혼자 공부해야 하는 사람들이 있다면 참고해도 좋을 것이다.

첫째, 효율적인 시간 관리이다. 나는 먼저 과목을 나눴다. 가장 좋아하고 공부하는데 지루하지 않은 과목, 가장 하기 싫은 과목, 가장 성적이 좋은 과목, 가장 성적이 나쁜 과목 이렇게 4가지로 나누었다. 그 과목들을 오전과 오후 시간에 적절히 배치하고, 제일 집중이 되지 않는 시간대에는 당연히 가장 좋아하고 성적이 좋은 과목으로 배치했다. 내가 내 자신의 시간표 플래너이고 상담 플래너가 된 것이다.

둘째, 동기부여이다. 초여름이 되면 대학에 진학했던 친구들이 방학이 되어 만나자고 하기 시작한다. 재수생들에게는 가장 유혹이 많고, 자칫 무너져 내릴 수도 있는 시간이다. 그 시간을 어떻게 보내느냐에 재수 성공 여부가 달려 있다. 그때 내 경우에는 다른 재수학원에 다니던 친구가 파이널을 준비한다고 나도 함께 하자고 했다. 우린 서로 플랜을 공유하면서 공부 마치고 집에 오는 저녁 시간에 전화로 서로 하루 일과를 점검하고 격려해 주기도 하고 조언을 아끼지 않았다. 쓴소리, 잔소리가 대부분이었지만, 같은 입장이다 보니 상처가 되기보다는 끝까지 서로를 버텨주는 응원이 되었다. 혼자 공부할 때는 스스로든 주변 사람이든 계속해서 동기부여를 해주며 긴장감의 속도 조절이 대단히 중요하다.

셋째, 완전히 마음을 비우는 휴식이다. 나는 친한 친구와 2주에 한 번 정도 만나서 맛있는 것도 먹고 그냥 멍때

리기도 하면서 스스로에게 쉼을 주는 시간을 가졌다. 시험이 얼마 남지 않았을 무렵 우리는 특별한 분식점에서 만나자고 약속을 했다. 멍텅구리 분식점. 지금 생각해도 이름이 재미있다. 학교 다닐 때도 멍텅구리의 만두는 꽤나 맛있기로 소문이 자자했다. 그런데 그 분식점은 이상한 징크스가 있었다. 중간고사나 기말고사 전에 가서 먹으면 시험을 완전히 망친다는 소문이었다. 학생들은 시험 기간에는 그곳에 잘 가지 않았다.

우리는 왜 시험을 얼마 남겨두지 않은 시점에 거기서 만났는지 모르겠다. 처음엔 왠지 찝찝함이 있었지만 음식을 앞에 두고 그런 걱정 하는 것은 아니라면서 둘이서 아예 두 판을 먹어 치우면서, 징크스는 징크스로 깨자며 웃었다.

그것이 통한 것일까. 우리는 두 번째 시험이라는 관문을 모두 잘 통과했다. "축하합니다. 합격하셨습니다." 우리 둘 다 합격이라는 안내 멘트를 들었다. 대학등록금 고지서를 받아보는 것이 그렇게 고맙고 기쁜 일이었는지 미처 알지 못했다. 1년의 재수는 그렇게 성공적으로 끝이 났다. 지금도 많은 수험생과 재수생들은 합격이라는 목표를 두고 달려가고 있을 것이다. 원하는 결과를 위해서는 집중력 있는 지속적인 습관에 있다.

• 김수연 원장이 전하는 학원 브랜딩 꿀팁 2 •

자신만의 룰에 메이지 마라. 학생도 부모님도 그리고 학원도 하나의 룰에 절대성을 부여하지 않는게 좋다. 절대적인 감정을 가지게 되면 좋지 않은 결과에 대해 의미를 부여하게 된다. 그 의미가 자리를 잡게 되면 징크스나 트라우마가 생기게 되고, 건강한 지속력을 갖기 힘들다. 자신감은 충전시켜야 한다. 하지만 사실에 대해서 정확히 인정하는 것도 건강한 성장에 원동력이다.

---

3. 잘하는 것을 사업으로 전환하다

2012년 여름이 시작되었을 때 나의 이상을 현실로 펼쳐보리라는 야무진 꿈을 가지고 학원 개원에 대한 생각을 구체적으로 실천해 나갔다. 나의 첫 도전이 시작된 것이다. 내가 잘 아는 곳이 내가 가장 잘 공략할 곳이라는 판단으로 개원할 지역을 정했다. 그리고 중ㆍ고등학생을 대상으로 생각했기에 주변 중학교의 고등학교 진학 방향과 또 고등학교의 교육 과정과 대학 진학 경향을 분석했다.

개원을 한다고 학생들이 몰려오는 것은 아니기에 조급함보다는 여유로운 자세로 준비 과정에 돌입했다. 우선 중학교 교육 과정을 찬찬히 훑어가면서 학생의 자세로 연구하기 시작했다. 나에게는 너무 쉽더라도 학생 입장에서는 어려울 만한 부분들을 주로 찾아봤다. 우리 아이들에게 도움을 받기도 했다. 아무래도 눈높이가 비슷한 또래가 보면 공감하는 부분을 더 많이 찾아낼 수 있을 것이라는 생각에서였다.

드디어 중학교 1학년을 나의 첫 학생으로 맞이하면서 아이들과의 신나는 학습은 시작되었다. 여학생반을 맡아서 시작했는데, 첫 학생들이 중간고사를 치던 전날은 걱정이 되어 밤잠을 설치기도 했다. 내가 학교 다닐 때도 해본 적 없던 경험이었다. 아이들과 풀었던 문제를 다시 한 번 살피고, 혹시나 놓친 게 있나 상세히 살펴보았다. 그리고 시험이 시작되는 시간, 나는 마치 수능 고사장에 아이를 들여보낸 부모의 심정으로 핸드폰을 슬쩍슬쩍 보고 있었다. 시험이 끝나자 학생들의 전화가 이어졌다. 나는 아이들의 첫 마디에 집중했다. 이미 목소리에서 점수가 보이니까 말이다.

어떤 아이들은 흥분되어 있었고, 어떤 아이는 침착했다. 어쩌면 나만 떨리고 긴장했었는지도 모른다. 모든 학생이 백점은 아니었지만, 충분히 자기 몫을 다한 결과물을 얘기해주었을 때, 행복감과 성취감은 무어라 표현할수가 없었다. 내가 잘하는 일을 하면서 의미까지 찾게 해준 아이들에게 고마웠다.

우리 반은 여학생들이 점점 늘어났고 도대체 약이 없다는 중2병에 걸릴 나이가 되었지만, 일탈 없이 오히려 남학생들 같은 의리가 느껴질 정도로 성장해 갔다. 학원 전체적으로도 규모가 커져 확장 이전을 하기에 이르렀다. 같은 일을 하는 배우자와 협업하면서 주말에는 남학생들과 가까운 학교 운동장에 모여서 축구 시합도 하며 서로가 경쟁자이기 이전에 좋은 친구라는 것을 알려주려고 노력했다. 이런 시간을 통해 우리는 학생들의 페이스메이커라는 것을 다시 한 번 되새길 수 있었다.

사업은 확장되었지만 안주할 수 없었다. 규모만 커진

것이지 여전히 경쟁은 있고 안정된 상태는 아니었기 때문이다. 나는 다음을 내다보며 두 번째 도전을 준비했다. 중·고등학생들을 가르치면서 느꼈던 안타까운 부분들이 있었다. 초등학교 시절을 너무 낭비하거나 목적 없이 보내면서 기초학력 미달이 되거나, 배경지식의 부재로 인하여 학습에 대한 흥미를 잃어버린 경우다. 이런 학생들은 중·고등학생이 되고 나서 심하게 방황하거나 학습뿐 아니라 인생에 대한 이정표마저 잃어버리는 경우가 많았다. 두 번째 도전은 좀 더 어린 학생들을 위한 멘토가 되면 좋겠다는 생각을 하게 된 이유다. 공부는 습관이다. 어린 나이에 습관을 들일수록 좋은 것이기 때문에 초등학생을 목표로 했다.

두 번째 도전은 첫 번째 오픈했던 지역과 전혀 관계없는 지역에서 시작했다. 초등학생을 위한 도전이기에 새로운 곳에서 출발하려고 정한 것이다. 그리고 처음의 경험을 바탕으로 찬찬히 준비하고 오픈하였다. 처음도 아니고 하니 더 잘할 수 있을 거라는 생각도 들었다. 그런데 늘 복병은 있는 것이고 생각하지 못한 일들은 일어난다. 시장 조사와 학교 조사는 필수라고 생각하고 나름의 전략을 세웠지만, 예상외로 학원생이 늘어나지 않았다. 주력했던 초등부의 인원은 더 저조했다. 당시 많은 분이 우리 학원 수강료가 주변보다 다소 비싸다는 이야기를 했다. 나는 교육청에서 제시하는 가이드라인을 준수하면서 내가 받을 수 있는 수업료를 정당하게 받고 싶었다. 내 학생에 대한 교육의 의사결정이 단순히 교육비로 결정되는 게 아님을 알기에 내 소신대로 했다.

그런데 5개월이 지나고 반년이 접어들 때쯤 내 생각이 틀렸나, 내가 정말 이렇게 운영하는 게 맞나 싶을 정도로 운영이 잘되지 않았다. 교육비를 내려서 당장 한 명이라도 더 받아서 운영하는 것이 맞는가 아니면 내 교육에 대한 믿음과 신뢰로 나를 찾아주신 학부모님을 만날 때까지, 또 그런 아이들을 만날 때까지 기다리는 게 맞는가 하는 기로에 놓이게 되니 정말 유혹이 많았다.

그러면서도 다달이 월세는 나가고, 고정비용 지출은 계속 늘어나 애가 타들어가기 시작했다. 그때 한 학생이 와서 수업을 시작하게 되있다. 예비 초등학생이었다. 사실 내가 새로운 학원을 오픈할 때 ○○초등학교를 우리 학원의 주 타깃으로 생각을 했다. 집중적으로 그 학교 학생을 대상으로 홍보와 이벤트 등 여러 가지를 했는데, 지금 들어온 학생은 내 예상을 깨는 학교였다. 우리 학원은 차량 운행을 하지 않는데, 이 예비 초등학생이 횡단보도를 몇 번이나 건너서 와야 하는 우리 학원을 선택한 것이다. 한 명 받아봤자 반 구성이 안 될 테고, 그러면 과외처럼 해줘야 할 텐데 계산적으로 보면 차라리 안 하는 것이 나을 수도 있었다. 하지만 내 교육 철학에 따라 나는 고민하거나 망설이지 않았다. 일대일로 수업하면서 나는 그 아이에게 정성을 다 쏟았다. 그때부터는 돈 생각하지 않고 그냥 내가 정한 대로, 내 소신대로 운영해야겠다고 생각했다. 그 아이는 나의 씨앗 회원이 된 것이다. 나는 씨앗을 심고 가꾸고 돌보는 것에 최선을 다했다. 이 한 명의 아이를 가르침으로 해서 아이가 다니는 학교에 좋은 인상을 주기 시작했고, 어머님들이 찾아주기 시작했다. 그렇게 늘어나기 시작해서 지금은 그 학교의 학생 비율이 높다.

나의 노력도 있었지만, 씨앗이 없었다면 노력할 기회조

차 없어지는 것이었다. 모든 것이 계획대로 되는 것은 아니지만, 씨앗을 심으면서 계획을 수정하고, 또 함께 성장할 다른 길을 찾게 되었고 지금은 많은 가지치기가 이루어졌다. 잘하는 것을 한다는 것은 이런 면에서도 중요하다. 억지로 했다면 나는 선택의 기로에 놓였을 때 내 소신대로 결정하지 못했을 것이다. 나를 찾아올 학생들을 기다리지 못했을 것이다. 내가 하고 싶고 잘하는 일을 한다는 것은 환경이 받쳐주지 않아도 기회를 만날 때까지 버틸 힘을 준다는 의미이다. 나는 내가 잘하는 일을 계속 하게 만들어준 그 씨앗 회원을 늘 고맙게 생각한다.

• 김수연 원장이 전하는 학원 브랜딩 꿀팁 3 •

좋아하는 일이 잘하는 일이 되기 위한 비용을 지불해야 한다.
좋아하는 일을 할 것인가, 잘하는 일을 할 것인가. 또는 어느
쪽이 성공할 확률이 높은가에 대한 갑론을박이 많다. 좋아하
는 일이 그 분야에서 정점에 이르러 잘하는 일이 되기까지
는 누구도 피해 갈 수 없는 시간이라는 비용을 필요로 한다.
내가 지금 강사이던, 또는 운영자이던 열심히 그 자리에서
시간이라는 자산을 쌓으며 씨를 뿌려야 한다.

4. 초등 공부 습관이 평생을 좌우한다

"세 살 버릇 여든까지 간다."

누구나 알고 있을 법한 속담이다. 그러나 이것을 실천하는 것은 쉽지 않다. 좋은 습관을 유지하는 것과 나쁜 습관을 바꾸는 것, 둘 다 어려운 일이지만, 좋은 습관을 유지하는 것이 조금은 덜 돌아가는 길이 아닐까 생각한다.

공부는 습관이다. 그 첫 단추는 초등학교에 들어가면서 시작된다. 일부 교육학자나 뇌과학자는 6세쯤에 뇌 용량이 성인의 90%까지 형성된다고 말하기도 한다. 만 6세면 초등학교에 입학하는 시기다. 이때부터 공부 습관이 형성되고 수정할 수 있는 가장 좋은 시기는 초등 과정이라고 할 수 있다.

건강하려면 어릴 때부터 편식 없이 골고루 음식을 먹는 것이 중요하다. 나는 공부도 마찬가지라고 생각한다. 편식 없는 공부가 중요하다. 초등 학원을 개원하면서 수학 중심이지만 전 과목에 관심을 가지고 종합적인 학습 플랜을 가져가고 있는 이유다.

20여 년이 넘는 시간, 교육 현장에서 아이들과 함께하면서 나는 그들의 공부 습관을 제대로 잡아주기 위해 노력했다. 습관은 규칙적인 반복성, 즐거운 능동성, 목표의 성취성이라는 특성을 가진다. 다양한 과목을 이런 특성에 따라 지속해서 연습하면 하기 싫은 과목이나 단원도 한 번쯤은 풀고 지나가 볼 수 있는 의지가 생긴다. 아이들은 이런 경험을 통해 도전하는 희열을 느낄 수 있다. 도전의 결과가 성공이 될 수도 있고 실패가 될 수도 있지만 단단해진 아이들은 실패했어도 다시 도전을 선택하는 건강한 공부 습관을 지니게 된다.

더구나 백점의 기쁨과 성취감을 맛본 아이는 다시 그것을 해보려고 계속 도전하게 된다. 경험해 보지 못했다면 막연한 상상에 지나지 않지만 직접 경험해 본 것은 구체적인 사실이기 때문이다. 나는 자존감이 없거나 학습 자신감이 없는 친구들은 조금이라도 나은 과목이나 성취 가능성이 높은 단원을 집중적으로 관리해서 꼭 백점의 성취감을 맛볼 수 있게 도와준다. 이런 경험이 한 번 쌓이고, 두 번 쌓이고 하다 보면 아이들의 학습 자신감은 높아지고, 자신에 대한 기대감도 더불어 높아진다.

　성취감은 공부에서 대단히 중요한 동기가 된다. 성취감을 키워주기 위해 나는 꼭 교과 과목이 아니라도 다양한 경험 수업을 진행한다. 5분 속담 쓰기, 일일 연산, 우리 고장 역사 찾기, 원데이 과학실험 등의 이벤트성 수업을 통해 다양하고 건강한 학습을 진행하고 있다. 그것에 대한 피드백은 반드시 해준다. 선생님의 관심을 느끼고 자신이 잘해냈다는 작은 성취감이 생기는 단계이기 때문이다. 아이들은 거기서부터 한 계단씩 올라갈 수 있다.

• 김수연 원장이 전하는 학원 브랜딩 꿀팁 4 •

5분을 잡아라. 매일 5분의 습관을 무시하지 마라. 매일 5분 좋은 행동의 씨를 뿌릴 때 좋은 습관이라는 열매를 거두게 된다. 작은 노력, 작은 실천을 응원하고 만들어 주도록 우리 학원만의 실천 아이템을 만들어야 한다.

5. 2차선의 기회 vs 10차선의 기회

선택과 집중이라는 말이 있다. 모든 방면에서 자원을 투입할 능력이 안 되는 기업에서 경쟁력을 올리고 생존을 위해 채택하는 경영의 한 방법이다. 말하자면 잘할 수 있는 분야를 선택해서 집중적으로 역량을 쏟아붓는 것이다. 부족한 자원을 분산하는 것보다 한 곳에 집중하면 당연히 경쟁력이 올라가게 되어 성과를 낼 가능성이 높아질 것이다.

요즘 보면 학생들도 이런 방법을 사용하는 것 같다. 자기가 잘하는 과목에만 집중하고 다른 과목은 포기하는 것이다. 또 성적에만 집중하고 인문학적 소양, 인간관계, 인

성, 예술적 기질 등은 포기해 버리는 것도 같은 맥락이다. 효율적으로 공부하는 영리한 방법으로 보이기도 하지만 바람직하지는 않아 보인다.

물론 선택과 집중이 필요할 때도 있다. 시간이 너무 없어서 그렇게 해야 할 때도 있다. 하지만 선택의 폭이 다양한 가운데에서 몇 개를 고르는 것과 그것을 고를 수밖에 없어서 선택하는 것은 완전히 다른 차원이다. 이것을 인생의 문제로 확대시켜 보면 바로 알 수 있다.

왕복 2차선의 인생길을 가는 사람과 왕복 10차선의 인생길을 가는 사람이 하는 선택이라는 용어는 완전히 다른 차원의 의미를 지닌다. 왕복 2차선의 길을 가고 있는 사람은 앞에 차가 막고 있으면 오도가도 못하는 상황이 되어버린다. 왕복 10차선의 길을 가는 사람은 다양한 선택의 경로가 있다. 모든 길은 통한다고는 하지만 돌고 돌아 목적지에 가야만 하는 인생을 사는 것은 누구도 바라지 않을 것이다. 선택의 폭이 넓은 도로를 만들어 놓는 것이 안정적이고 효율적인 인생을 사는 최고의 방법이다.

학습에서도 마찬가지다. 우리 아이의 가능성이 어느 분야에서 발현될지는 아무도 모른다. 초등학교 때나 그 이전에는 가능성의 폭을 미리 좁힐 필요가 전혀 없다.

아이들은 교육이라는 도구를 통하여 사회의 수많은 가치와 지식을 받아들이면서 자기들만의 가능성을 넓혀 간다. 초등학교 같은 경우는 전 과목이 서로 융합하면서, 또 개별의 특수성을 가지면서 다양하고 전반적인 인문학적 소양도 배우고, 학습 습관을 만들고, 자기 주도 학습의 기초를 마련하는 등의 과정을 경험하는 시기다. 그것이 아이들의 도로를 하나씩 만들어 주는 기회가 되는 것이다.

어떤 분야에서 능력을 나타낼지 모르는 우리 아이가 시도조차 해보지 않고 어느 한 가지를 선택해야만 하는 순간이 온다면 그보다 억울한 인생은 없을 것이다. 아이에게 충분한 가능성을 열어주고 싶은 것은 모든 부모의 동일한 마음이다. 선생님도 마찬가지다.

두 가지를 잘하는 사람이 있다면 어려운 문제에 당면했

을 때 잘하는 한 가지로 해결하려고 해보고, 그래도 안 되면 두 번째 잘하는 것으로 해결하려고 한다. 잘하는 것이 많은 사람은 문제가 닥쳤을 때 해결할 확률이 엄청나게 높아진다. 다양한 방면에서 다양한 솔루션을 가지고 있는 것은 미래 사회에서 대단한 재산이 될 것이다. 많이 아는 것은 중요한 인생의 열쇠인 것이다.

오프라 윈프리는 "교육은 세상을 여는 열쇠이자 자유로 가는 여권"이라고 했다. 세상을 열어가는 열쇠를 자녀에게 선물할 수 있다면 가장 행복한 부모일 것이다. 닫힌 세상에 사는 것에 만족하지 않고 언제나 새로운 세상을 향해 도전하며 열어가는 열쇠를 가졌다는 것은 대단한 가능성을 보유하게 되는 것이다.

선택과 집중도 필요하다. 우리가 결정이라는 단계에 이르면 행동이나 태도가 더욱 분명해진다. 교육에도 그런 시기가 있다고 생각한다. 하지만, 적어도 초등 과정에서만은 아이들이 다양성을 경험하면서, 가능성에 대한 도전을 할 수 있어야 한다고 생각한다. 선택과 집중을 위한 준비 과정인 것이다.

나는 아이가 2차선 도로 위를 달리게 할 것인가, 아니면 10차선 도로 위에서 다양한 차량과 다양한 길을 두고 달리게 할 것인가 생각해 보게 되었고, 나는 내 학생들에게 10차선 도로를 만들어 주고 싶다는 결론을 내렸다. 어떠한 차량도 달릴 수 있고, 각자 역량을 다해서 달려도 막힘이 없는 도로를 만들어 주고 싶다. 이것이 내가 아이들을 대하는 마음이다.

• 김수연 원장이 전하는 학원 브랜딩 꿀팁 5 •

초등과 중등 그리고 고등은 각각의 선택과 집중이 필요하다. 12년간의 학습 기간 동안 언제나 열정을 쏟고, 언제나 최고의 최선을 다할 수 없다. 그래서 초등학교 · 중학교 · 고등학교 각 시기별로 꼭 필요한 목표를 세워야 한다. 때로는 넓게, 때로는 좁게 선택해야 하고 그 이후에는 정확하게 집중할 수 있도록 해야 한다.

---

6. 정상까지 함께하는
공부와 진로의 안내자

대학 1학년 때였다. 여름방학을 맞아서 집으로 왔다. 대가족이었던 나는 꼭 대학 생활은 멀리 나가서 혼자만의 시간을 가져보는 게 로망이었는데, 막상 자취생활 반년 만에 집이 좋다는 것, 집 나가면 고생이라는 것을 깨달았던지라, 방학이 되자마자 짐을 싸 들고 집으로 왔다.

대학 1학년이었으니 친구들도 만나고, 고등학교 시절 다녔던 분식점에서 추억의 먹방도 찍으며 신나게 보냈다. 그래도 나중에 어학연수라도 가려면 학원이나 방학 특강을 좀 들어야 하지 않을까 해서 알아보고 오던 길에 버스를 탔다. 시원한 에어컨 아래 앉아 있는데, 그때 버스를 타고 자리를 찾는 것 같이 보이는 한 사람이 내가 있는 곳으로 쭉 걸어서 들어왔다. 내 옆자리가 비어 있긴 했지만, 다가올수록 나를 안다는 표정이었다. 누굴까 궁금하던 차에 그 사람은 옆자리에 앉자마자 나에게 말을 걸었다.

"나 모르겠니?"

도무지 생각이 나지 않아 잠시 망설이고 있는데, 내가 졸업한 중학교 이름과 담임 선생님 이름을 대면서 내 이름을 정확하게 기억하고 있었다. 그런데 난 기억에도 없다니, 잔뜩 미안한 생각이 들었다. 자기는 그때 같은 반이었고 내 덕분에 원하던 고등학교에 갔던 친구라고 했다.

그제야 차츰차츰 기억이 떠오르기 시작했다. 중학교 때 우리는 비평준화 지역이어서 고등학교를 선택해서 시험을 봐야 했는데 그 친구는 갈 학교가 없다고 했다. 선생님과 상담을 했지만 마땅한 곳이 없다는 것이었다. 우연찮게 나랑 짝이 되어 그런 사정을 알게 되었다. 성적은 거의 최하위였지만, 친구는 꼭 고등학교에 진학하고 싶어 했다.

내가 짝이 되면서부터 친구를 위한 프로젝트가 시작되었다. 담임 선생님이 시킨 것도 아닌데, 내 공부를 하면서 도와주면 되지 않을까 하는 생각이 들어서 그 친구가 가장 잘할 수 있는 과목부터 공략하기로 했다. 쉬는 시간에 바로 전에 했던 수업에 대해서 물어보고 개념을 다시 한번 잡아주고, 포인트를 짚어 주었다. 그리고 점심시간에는 밥을 먹고 나서 오전 수업에 했던 것을 다시 한번 복습했고 전날 꼭 암기하라고 했던 것들 체크도 했었다. 덕분에 나도 다시 한번 복습할 수 있는 시간이 되었다. 그 친구의 암기 과목 성적은 점점 향상되어 갔다. 거기서 멈추지 않고 수학은 개념을 먼저 익히면서 예제 위주로 공부하라고 알려주고, 국어나 탐구 영역은 답을 바로 가르쳐주지 않고, 지문을 체크해 주거나, 교과서 페이지를 알려주면서 읽어보라고 하는 방식으로 도와주었다.

진로에 대해서도 구체적으로 실행하도록 했다. 가고 싶은 학교와 현재 갈 수 있는 학교 두 개를 적어두고 매달 체크해 나갔다. 그러다 몇 개월이 지나고 짝이 바뀌었지만, 그 친구는 나한테 스스럼없이 물어보러 오고, 나도 예전처럼은 못하지만, 꼭 하루에 한 번쯤은 전체적으로 점검해 주곤 했다. 그리고 가을이 되고 우리는 각자 원하는 학교로 진학을 했다.

그 이후로는 소식을 한 번도 듣지 못했는데 우연히 버스 안에서 만난 것이다. 내 덕분에 원하는 학교에 진학했고, 대학은 가지 못했지만, 직장에 들어가서 지금은 직장 생활 잘하고 있다는 이야기를 하면서, 꼭 한번 만나고 싶었다고, 그리고 실력 차이가 너무 많이 나는데도 자기 눈높이에 맞춰서 가르쳐 주기도 하고, 공부하는 방법을 알려주기도 하며 잘 인도해 줘서 고마웠다는 인사를 하면서 다음 정거장에서 내려야 한다고 떠났다. 전화번호도 물어볼 새도 없이 말이다. 그 친구는 그때 몇 달간의 학습 습관이 진학을 포기하지 않게 했고, 지금의 모습을 만들었다고 생각하는 것 같았다.

나는 아이들을 가르치면서도 문득문득 그 친구가 생각

난다. 모두가 포기할 때 포기하지 않고 바늘 하나 세울 가능성이 있다면 그것을 찾아보고, 그것을 위해서 한 계단씩 올라갈 수 있도록 해 주는 것이 바로 선생님으로서의 우리들의 몫이고 나의 몫이라는 생각을 한다.

히말라야 에베레스트를 등반하는 산악인들에게 그 산을 정복하기 위해서는 여러 가지 준비할 것들이 많이 있다. 그 가운데서도 셰르파라는 안내인이 필요하다. 셰르파는 네팔 고산지대에 사는 소수 민족이 주로 담당하는데 아무리 험한 곳도 그들이 가면 길이 열린다고 한다. 위대한 산악인 옆에는 꼭 위대한 안내자인 셰르파가 있다고 한다. 물론 그들은 유명한 산악인들에게 가려져 있어 아는 이들은 많지 않지만, 분명 산악인들에게는 없어서는 안 될 존재이다. 최근 히말라야도 기후 변화로 점점 셰르파가 떠난다는 뉴스를 접한 적이 있다.

나는 아이들의 셰르파로 여기까지 걸어왔고, 앞으로도 계속해서 걸어가려고 한다. 그 길 안내를 멈추지 않고 싶다. 내 이름이 알려지지 않아도 나는 셰르파로 뒤에서 흐

뭇한 미소를 짓는 역할을 계속해서 하고 싶다.

• 김수연 원장이 전하는 학원 브랜딩 꿀팁 6 •

건강한 페이스메이커가 되자. 페이스메이커란 스포츠에선
어떤 기록을 유지할 수 있도록 돕는 자 그리고 의학적으로는
심장 박동을 정상적으로 유지하도록 돕는 장치라고 한다. 학
생들 또는 학부모님들이 지속적으로 같은 상태를 유지한다
는 것은 쉽지 않은 일이다. 함께 이루어간다고 생각하며 서로
에게 건강한 페이스메이커가 되어주는 것이 성장의 큰 원동
력이 된다.

---

7. 평범함이 비범함이다

대학 시절 자취하던 주인댁의 아들과 그 친구들을 가르치기 시작한 것이 아이들과 공부한 첫 시작이었다. 지방에서 올라와 낯선 환경에 적응하고, 대학 생활에 적응해 가느라 신입생으로서의 1년은 훌쩍 지나갔다. 그러다 첫 자취방이 있던 동네가 재개발 지역이 되면서 다시 자취방을 찾게 되었고, 마당 있는 주택에서 자취를 시작하고 몇 달이 지났을 무렵 주인 아주머니와 마당에서 마주쳤는데, 웃으면서 중학생 아들 녀석의 수학과 영어를 가르쳐주면 좋겠다고 제안했다. 물론 친구 둘도 있는데, 함께하면 더 좋을 것 같다는 얘기도 했다. 아주머니는 부모를 떠나서 대학 생활을 하는 학생들을 쭉 보았는데, 나의 성실한 모습에 믿음이 가서 그런다는 말도 덧붙였다. 아주머니에게 보여준 나의 성실함이 무엇이었을까. 특별한 게 없었던 것 같다. 늘 같은 시간에 일어나 준비하고 학교 가고, 저녁 시간엔 리포트와 독서 그리고 운동 정도로 크게 변화가 없었다.

세 명의 중학생 남자 아이들과의 만남이 시작되면서 대학 생활의 한 축은 선생님으로의 출발이 되었다. 수업을 마치면 열심히 달려와서 수업을 했고, 내 중간고사 기간이 아이들도 중간고사 기간이어서 선생과 학생의 생활을 병행했다. 그리고 아이들의 중간고사가 끝나고, 성적표를 받아 오던 날, 자취방 문 앞 마당에 남자 아이들이 6명이 우루루 앉아 있었다. 알고 보니 나의 첫 제자 세 명이 모두 중간고사에서 평균 점수가 10점 이상 오르고, 또 한 친구는 만점을 받으면서 소문이 나서 수업 받겠다고 와서 기다리고 있었던 거라고 했다. 그리고 3개월 만에 12명이 되면서 나는 대학생인지 과외 선생인지 모를 만큼 학교 수업을 마치자마자 바쁘게 집으로 와야 했고, 쉬는 시간도 없이 바로 수업이 진행되었다.

특별한 비법이나 족집게 족보나 그런 것도 없었지만, 학생은 늘어나고 결국은 대기자를 받는 걸로 인원을 동결시켰다. 혼자서 할 수 있는 한계가 있었기 때문이다. 나는 아이들과 원칙을 세우고 그 원칙을 타협 없이 지켜 나갔다.

첫째, 세 번 이상 무단결석하지 않는다.
둘째, 숙제를 하지 않거나, 숙제를 했으나 과정이 없는 단답형 답안이 세 개 이상 있을 경우는 숙제를 하지 않은 것과 동일한 규칙을 적용한다.
셋째, 공부하고 나갈 때는 자기 주변 정리와 정돈을 깨끗하게 한 뒤에 꼭 인사를 하고 퇴실한다.

당시 학생은 많아도 전문학원이나 교습소가 아니었기에, 큰 테이블 두 개 정도를 사용했는데 한 팀 끝나고 자습하고, 다른 한 팀 수업을 진행해야 되는 상황이었기에 뒷정리는 온전히 학생들의 몫이었고, 처음 한 팀만 할 때도 자기 주변 정리는 스스로 하도록 약속을 했다.

그리고 이 약속을 잘 지킬 때는 그에 대한 보상을 확실하게 해 주었다. 물론 약속을 어길 때도 정확하게 퇴원(?) 조치를 했다. 어린 대학생 선생님이 중학교 남학생들을 가르쳤지만, 그래서인지 호랑이 선생님, 무섭지만 확실하게 약속을 지키는 선생님으로 인식되었던 것 같다.

공부는 정상에 오르는 것이 목적의 전부가 아니라 그 과정 속에서 내가 진짜 아는 것이 없구나를 인식하면서 하나씩 문제를 풀어나가기 위해 여러 방법을 시도하고 고민하는 과정이라고 생각했다. 그렇기 때문에 나에게 공부는 겸손과 성실함이 기본 중의 기본이었다.

지금도 위의 원칙들은 우리 학원에 적용하고 있다. 또한 겸손한 인성과 성실함을 바탕으로 하는 평범함을 매일 매일 쌓아가는 노력을 아이들과 함께 해나가고 있다. 자기 과신이 지나친 것도 또 지나친 불신도 건강한 학습을 방해하는 요소다. 그래서 짜투리 학습, 매일 학습에 대한 부분을 강조한다. 교과 학습이 주는 수치로 환산되는 결과물이나 과정뿐 아니라 분기별로 다양하게 진행되고 있는 짜투리 학습들은 등원하고 자리에 앉으면 5~10분 이내로 짧지만 매일 진행된다.

우리 속담 익히기, 명심보감 한 줄 쓰기, 100인의 위인 알기 등 교과 학습에도 도움이 되지만, 우리가 살아가는 데 알아야 할 인문학적 소양에도 도움을 줄 수 있는 다양한 프로그램을 진행하고 있다. 한 줄의 속담을 익히고, 역사적 배경을 아는 것이 당장에 학교 점수 향상에는 도움이 되지 않을 수 있지만 매일의 평범한 5분 또는 10분이 쌓여 지식을 넘어 지혜라는 보물창고를 갖게 되는 결과를 가져올 것이라고 믿고 있다.

매일 학습 부분에 대해서도 모든 과정이 끝날 무렵에는 피드백을 통하여 하고 싶지는 않았지만, 성실하게 보낸 시간의 결과를 보면서 평범하고 작은 시간이 비범함으로 나아가는 마스터키가 될 수 있다는 자신감도 확인시켜 준다.

또한 수업 후 자기 주변 정리와 정돈하는 습관도 처음

에 어색해하고, 깜빡하기도 하지만, 1분도 걸리지 않는 일을 반복하면서 자기 물건 정리 정돈 습관이 집에까지 연장되어 학부모들은 집에서도 많이 차분해지고, 학원 다녀와서 숙제부터 잠자리에 들 때까지의 습관이나 숙제에 대한 책임감이 많이 좋아졌다고 이야기해준다.

처음부터 너무 큰 것에 도전하게 되면 아이들 마음에 '그건 너무 힘들어서 잘하지 못할 텐데' 하는 생각이 있다. 하지만, 하루 한 단어, 한 문제를 풀고 완성하는 것에 대해서는 자신감을 갖게 되고, 그것을 매일 완성해 나가면서 어느 순간 긍정적인 자기 자신을 발견하게 되고 내적 자아도 튼튼하고 건강해지는 것 같다.

나와 함께하는 아이들이 공부라는 습관을 통해서 더 건강하게 성장하기를 바라면서 나도 아이들과 함께 하루하루 성장해간다. 그리고 그 성장을 학원과 내가 가르치는 아이들뿐 아니라 취약계층이나 전쟁 등의 재난으로 꿈을 잃은 아이들에게 꿈을 가지고 실현해 갈 수 있도록 후원하는 일, 또 어려움에 처한 아이들이 자립 가능한 성인이 될 때까지 후원하는 일을 10년이 넘는 시간 동안 지속적으로 하고 있다. 모든 아이들은 꿈꿀 수 있어야 하고, 보호받아야 할 권리가 있다고 믿기 때문에 나의 작은 손길이 한 아이의 미래를 선물해 줄 수 있다면 나는 앞으로도 이 일을 계속해서 해 나가려고 한다. 그들이 성인이 되어 완전한 자립을 할 때까지 책임을 다하려고 한다.

작지만 꾸준한 실천을 이어가는 성실한 지킴이들이 있을 때 우리 모두가 평범하지만 서로에게 영웅이 되는 순간이라고 생각한다.

• 김수연 원장이 전하는 학원 브랜딩 꿀팁 7 •

평범한 시간을 저축해라. 한 시대의 패러다임이라는 것도 그 시작은 거대한 파도가 아니라 잔잔한 물결에서부터 시작된다. 학생들의 평범한 시간을 하루하루 좋은 기록으로 쌓아가도록 해야 한다. 좋은 습관 하나부터 시작할 수 있도록 꾸준히 응원해주는 나만의 실천방법이나 우리 학원만의 실천 이벤트가 있어야 한다.

디테일하게 홍보하라

김수진

1인 공부방 창업 컨설팅 A to Z

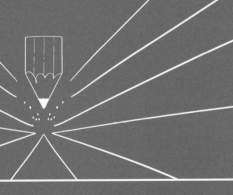

COMPETE WITH BRANDING

1. 공부방 '브레인K'를 창업하다

'태민성호해나맘.'

나를 지칭하는 이름이다. 그렇다. 나는 아이 셋의 엄마다. 내 진짜 이름은 꽤 오랫동안 들리지도 보이지도 않았다. 나는 큰아이를 출산하고 52일째 되던 날, 다시 일을 시작했다. 학원 강사는 출산 후 자리를 비우는 기간 동안 대신해 줄 대체 강사를 구하지 못하면 다시 일하기 어려운 직종이다. 내 경우는 당시 일하던 금천청소년수련관 PM 박 선생님의 배려를 통해 다시 일할 수 있었다. 다시 돌아올 자리를 비우고 기다려 주는 곳은 많지 않다. 대부분 아이를 낳기 전 학원을 그만두고 출산 후 새로운 학원을 찾는 경우가 일반적이다.

둘째가 태어났다. 두 아이를 기관에 맡기며 학원 일을
병행하기엔 어려움이 많았다. 과감하게 남편의 수입으로
살아가기로 하고 학원을 퇴사했다. 7년이 흘렀다. 그사이
나는 세 아이의 엄마가 되어 있었다. 아이들이 자랄수록
손이 덜 가기 시작했다. 대신 세 아이에게 들어가는 비용
은 늘어났다. 뭔가 돈 벌 일을 해도 되겠다 싶었다. 하지
만 뜻대로 되지 않았다. 아르바이트라도 하려고 했지만,
나이에서 걸려 지원조차 할 수 없었다. 남편의 수입은 늘
부족했다. 아이들은 집에 돈이 없는 걸 알아채기 시작했
다. 아이들이 필요한 만큼 마음껏 해 주지 못하게 되니 안
타까움을 지나 절망이 찾아왔다.

그러다가 매달 발행되는 지역신문 〈힐링 노원〉 기사 중
'드림스타트'라는 기관에서 자녀를 양육하며 어려움을 느
끼는 엄마들에게 도움을 준다는 문구를 발견했다. 나는
곧바로 전화를 걸었다. 통화는 내 하소연으로 채워졌다.

"저는 학원 강사를 했었는데요. 아이가 셋이라 더 이상 학원 일을 하기가 어려워졌어요."

"지금 남편 월급으로만 살고 있는데 당장 생활비가 부족하고 매달 카드값 걱정에 공과금 걱정에 짜증만 나고 불안해요."

"제일 어려운 건 아이들이에요. 넉넉하지 않으니 잘해 주지도 못하고 괜히 제 기분 따라 짜증만 내고 그래요. 아무것도 되는 게 없으니, 자존감은 자존감대로 떨어지고 힘은 힘대로 들고 점점 비참해지는 것 같아요."

드림스타트 담당 선생님은 나를 잘 다독이더니 상담 전문가 한 분을 연결해 주었다. 그렇게 소개받은 이혜송 소장님. 그녀는 우리마음심리상담소 소장님이자 『나를 만나는 500개의 계단』라는 책의 저자였다. 이 책은 나를 만나기 위한 500개의 계단으로 이루어진 질문에 스스로가 답을 찾아가는 과정의 이야기이다. 사람들은 자기 자신에 대해 잘 안다고 생각하지만 바쁜 일상 속에서 자신을 돌아보지 못하는 사람이 더 많다. 나도 나를 비롯해 내 아이들의 마음을 제대로 들여다보지 못했다.

경단녀로 낮아진 자존감이 육아 우울증으로 이어진 나는 이혜송 소장님에게 지속적으로 부모 교육을 받고 개별 상담을 받으면서 서서히 나 자신을 발견해 나갈 수 있었다. 아침에 일어나서 거울을 보고 나 자신을 발견하고 나에게 긍정적인 이야기를 해 줄 수 있게 되는 날이 늘었다. 나의 표정이 밝아지자 삼 남매도 웃는 날이 늘어났다.

나는 대학 시절 아르바이트부터 둘째 아이 출산 전까지 총 15년 동안 누군가를 가르치며 살아왔다. 이런 모습을 계속 아이들에게도 보여 주고 싶었다. 또 가르치는 일은 내가 가장 하고 싶은 일이기도 했다.

'브레인K 공부방'은 그렇게 탄생했다.

꿈꿀 수 있는 가슴은 벅차고 시작은 설렌다. 아무도 나를 찾지 않아도 내가 직접 할 수 있는 일이 있다는 사실과 그것을 찾았다는 것이 나를 너무 흥분하게 만들었다. 다시 열정과 절실함을 마음으로 느끼며 하루하루 성장해 간다는 것이 너무 좋았다. 자존감이 마구 떨어질 때, 내가 할 수 있는 것이 아무것도 없다고 생각될 때는 먼저 나 자신을 추스르는 것이 순서였다. 그러고 나니 내가 하고 싶고 잘 해낼 수 있는 많은 일이 보이기 시작했다.

창업하기에 앞서 내가 왜 이 일을 시작하게 되었는지를 떠올려 봐야 한다. 무엇을 팔 것인가를 고민하기보다는 나는 누구인가에 대해 알아야 한다. 교육서비스업은 고관여 상품이다. 다른 것도 아니고 자녀를 맡기는 일이기에 학부모의 의사결정은 신중할 수밖에 없다. 그렇다면 1인 원장은 어떻게 학부모에게 원장의 철학을 알려야 할지 고민해야 한다. 그러려면 원장 자신이 스스로 끊임없이 질문해야 한다. 맨 처음 나는 무엇을 꿈꾸며 창업했는가.

스스로 던진 질문에 대한 답이 바로 그 학원만의 핵심 가치다. 이제 우직하게 자신을 믿고 걸어가 보자. 원장이 세운 가치관과 비전이 만나면 그게 바로 잘되는 학원임을 잊지 말자.

• 김수진 원장이 전하는 학원 브랜딩 꿀팁 1 •

세상의 모든 엄마는 선생님이다. 그렇다면 엄마가 가진 장점
은 무엇일까? 바로 아이에 대한 사랑과 기다림이다. 만약 아
이와 감정적으로 얽히지 않고 재밌고 유쾌하게 가르쳤다면
당신은 공부방 선생님으로 재능있는 사람이다. 내 아이부터
시작해서 이웃 아이들부터 가르쳐 보자. 과외 학생이 늘어날
때 창업하는 방법이 가장 안정적으로 공부방을 창업하는 길
이다.

---

2. 1인 공부방은 어떻게 창업할 수 있나

성공적인 1인 공부방을 운영하려면 꼭 기억해야 할 것이 있다.

첫 번째로 할 일은 가르칠 대상을 정하는 것이다. 공부방 창업 전에 학교 방과 후 교사나 기간제 교사 또는 학원 강사로 근무한 경력이 있다면 대상을 정할 때 좀 유리하다. 이런 경험이 없다면 자신이 어떤 과목을 가르칠 것인지, 어떤 대상을 주로 가르칠 것인지에 대한 고민이 필요하다. 만약 자녀가 있다면 하교 후 자녀를 대상으로 전 과목을 가르쳐 보는 것도 좋다. 그러면서 자연스럽게 자녀와 비슷한 나이대의 학생들을 가르치는 방향으로 잡아 가면 공부방 교사에 대한 두려움과 막막함은 줄어든다.

두 번째는 실력과 전문성을 갖추는 것이다. 공부방을 할 때 중요한 것은 엄마가 자기 아이를 가르치듯 해서는 안 된다는 것이다. 공부방 선생님은 교육 전문가가 되어야 한다. 그래서 교육 과정에 대해서도 명확히 알아야 한다. 교육청 사이트에 교육 과정이 있으니 출력해서 읽고 과목별 교육 방향성에 대해 이해하기 위해 노력해야 한다. 또, 서점에 가서 직접 가르치고자 하는 과목의 문제집을 비교한 후 가장 마음에 드는 것을 골라 직접 풀어보면서 준비하는 것이 좋다. 질문하는 아이에게 정확하고 쉽게 풀이해 준다면 아이와 학부모의 신뢰는 자연스럽게 따라온다.

세 번째는 나만의 유니크한 브랜드를 만드는 것이다. 유명 호텔 출신 셰프가 개인 식당을 오픈했더라도 특별히 잘하는 요리가 없다거나 다른 식당과 크게 차별점이 없다면 장사가 잘되지 않을 것이다. 유명 학원 강사 출신이나 명문대 졸업 이력을 가진 강사가 창업한 공부방이라도 그들의 강점이 무엇인지가 나타나지 않으면 소용이 없다.

요즘 학부모들은 단순한 전단지나 지인 소개만으로 공부방을 선택하지 않는다. 다른 의사 결정에 비해 교육에 대해서만큼은 학부모의 선택 기준이 굉장히 까다롭다는 것을 염두에 두어야 한다.

대형 학원이나 중소형 학원이 아닌 나의 공부방을 선택해야 하는 이유를 학부모에게 알리지 못한다면 어떻게 될까? 주위를 돌아보면 수많은 공부방이 있는데 왜 나를 선택해야 하는지 차별화된 전략이 필요하다. 내가 남들과 달리 더 잘할 수 있는 건 무엇일까에 대해 계속 고민해야 한다. 나만의 유니크함이 있어야 통한다. 그것이 가장 큰 홍보의 포인트이다. 다른 학원이나 공부방에서 하고 있지 않은 것이 무엇인지 잘 살펴보는 것도 내 강점을 찾을 수 있는 아주 좋은 방법이다.

네 번째는 공부방의 특장점인 개별화 맞춤 교육을 준비하는 것이다. 내가 운영하는 공부방의 경우를 사례로 생각해 보려고 한다. 먼저 학부모의 요구를 파악해야 개별화 전략이 나온다. 보통 소수 정예 수업을 원하는 학부모가 공부방을 찾는 경우가 많다. 나는 반별 정원을 5명으로 했다. 초등 저학년은 60분, 초등 고학년부터는 90분씩 수업했다. 코로나로 어려움을 겪던 시기였다. 모든 수업을 줌으로 진행해야 했다. 나는 코로나로 급변한 교육 환경에서 어머님들이 가장 크게 우려하는 것이 무엇일까를 알고자 상담도 하고 관찰도 했다. 그 결과 학교나 학원에 다닐 때와 비교하면 일방적인 수업을 할 수밖에 없고 적극적인 수업 참여가 저조한 상황이니 학습 결손으로 인한 문해력 저하가 학부모의 가장 큰 고민이라는 것을 알았다. 이런 학부모님들의 요구를 반영해서 논술 수업 시간에 어휘를 10분간 공부하고 책을 읽고 글쓰기를 하는 수업을 진행했다. 여기서 공부방의 최대 특장점인 개별화 맞춤형 교육을 아주 적절하게 활용했다. 아이마다 수준별로 교재를 다르게 써서 학생 개인의 성취에 목표를 두고 수업한 것이다. 아이들이 마스크를 쓰고 있어서 말할 때 저학년의 경우 발음이 불분명하게 들리는 경우가 많았다. 학교에 가지 않고 줌으로 선생님과 수업하는 아이들은 점점 더 말할 기회를 잃고 있었다. 적어도 내 수업 시간만큼은 마음껏 말하고 떠들어도 되는 수업으로 만들고 싶어 제일 먼저 한 일은 책을 읽을 때 반드시 돌아가며 낭독하기를 시켰다. 그 결과 책을 더듬더듬 읽던 아이들도 점점 잘 읽기 시작하고 큰 목소리로 유창하게 책을 읽게 되었다.

특히 글쓰기의 경우, 글을 다 쓴 학생들에게 다시 고쳐 쓰기를 하게 하고 마지막으로 원고지에 옮겨 쓰는 작업을 통해서 학생이 스스로 자기 글을 고칠 수 있도록 했다. 글을 한 번에 쓰고 다시 읽어보지 않는다면 아무리 논술 학원에 다녀도 그 학생의 글은 나아지지 않는다. 글을 쓰고 직접 읽어보고 고쳐쓰기를 한 학생은 글의 내용을 분석하고 주제를 파악하는 능력은 물론 더 나은 글을 쓸 힘이 길러진다. 말 그대로 제대로 된 논술 교육을 할 수 있는 것이다. 개별화 맞춤 교육은 일반 학원과 비교할 때 공부방의 분명한 강점이다.

공부방마다 '우리 공부방은 이거 하나만은 어디랑 경쟁해도 1등이야' 하는 것이 있어야 한다. 또 아이들이 신나서 공부방에서 수업 끝날 때 "선생님 벌써 집에 가요?"라는 말이 나오게 해야 한다. 누구에게나 처음은 있다. 이렇게 말하는 나조차 겁 없이 창업했구나 싶은 날도 있다. 이제까지 '누군가의 밑에서 충분히 인풋을 했다면 이제 자기 자신을 제대로 아웃풋' 하는 기회로서 공부방 창업은 최고의 방법이 될 것이다.

1인 공부방 창업하는 절차

개인 과외 교습 자격

학력에 제한이 없고 고졸 이상의 학력이면 가능

개인 과외 교습자 신고 증명서 등록하기

필요 서류 : 신분증, 주민등록등본, 최종 학력 증명서, 사진 2매(3×4 규격), 관련 자격증(해당자만 제출)

등록 절차 : ① 개인 과외 교습자의 거주지 관할 교육청에 가서 개인 과외 교습자 신고를 하면 통상적으로 3일~5일 이내에 처리 ② 개인 과외 교습자 신고 증명서가 나오면 국세청에 사업자등록을 하면 된다.

창업 비용

우리 집 작은 방 한 칸을 사용하면 임대료는 들지 않는다. 최소한의 비품과 운영비만으로도 충분히 창업할 수 있다.

준비 물품

책상, 의자, 컴퓨터, 프린터, 필기도구, 화이트보드

• 김수진 원장이 전하는 학원 브랜딩 꿀팁 2 •

공부방 창업을 하기에 앞서 나에 대해 바로 아는 것이 먼저다. 공부방에 도전하는 사람들은 많다. 그러나 살아남는 사람은 많지 않다. 공부방을 학원이나 교습소에 비해 진입 장벽이 낮다는 이유로 도전하기 때문이다. 그러나 막상 현장에서 만나는 학부모와 학생이 바라는 것과 우리가 제공해야 하는 교육 서비스의 수준은 꽤 높다. 학구열이 높은 지역에서 유명 강사로 일한 원장님이 창업해도 공부방 운영은 결코 쉽지 않다. 그렇다고 도전하지 못할 분야는 아니다. 나처럼 7년 전업주부에서 공부방 창업을 한 사람도 꽤 많다. 그렇다면 어떻게 공부방에서 살아남을지 공부방 세계의 생태계에 대해 냉정하게 고민해보고 내가 정말 잘 할 수 있을까에 대한 물음에 대해 스스로 답이 나왔을 때 시작해야 한다. 또, 시장 조사 및 창업 준비에 있어서 공부방 또한 1인 기업 창업이라고 생각하고 전문적인 사업 계획이 필요함을 잊지 말자.

3. 가르치기 전에
아이들의 마음을 먼저 얻어라

초등학교 2학년 때 우리 가족은 판교에 살았다. 지금은 판교가 아파트 대단지가 가득 찬 큰 도시지만 내가 어릴 적 그곳은 논과 밭이 더 많고 한참을 걸어가서 버스를 타야 하는 시골과 다름없는 동네였다. 아빠와 엄마 그리고 나와 동생, 우리 가족 4식구는 슬레이트 지붕으로 된 작고 낡은 다세대 주택에 살았다. 마당 한가운데는 요즘엔 박물관에나 가야 볼 법한 펌프가 있었다.

그 집에서 우리 부모님은 종종 부부싸움을 했다. 며칠 두 분이 말을 안 하면 두 살 터울 동생과 나는 눈치만 봤다. 어느 날 하교 후 집으로 돌아오는 길에 나는 깜짝 놀랐다. 우리 집 앞에 이삿짐 용달차가 서 있었기 때문이다. 빠르게 짐을 실어 나르는 이삿짐 아저씨들 사이로 그늘진 엄마의 얼굴이 보였다. 그 순간 아빠가 떠올랐다. 아빠가 아직 퇴근하고 돌아오지 않았는데 우리끼리 이사 가는 게 정말 이상했다.

이삿짐 차를 타고 서울로 향하는 사이 엄마는 나와 동생에게 당부했다. 당분간 아현동 이모네 집에 살아야 하니까 이모부와 이모 말씀을 잘 들어야 한다고 했다. 그날 저녁 이모는 날씨가 덥다고 커다란 수박을 사 왔다. 늦은 저녁 장사를 마치고 이모부가 집으로 왔다. 엄마는 머뭇거리다가 미안한 표정으로 말했다.

"형부, 오셨어요?"

그때부터 이모네 집에서 더부살이가 시작되었다. 이모부는 평소 말씀이 없는 분이었다. 몇 번 본 적도 없는데 이모부네 집에 함께 살아야 한다는 게 너무 불편했다. 이모부 눈을 마주치는 일도 나는 그저 무서웠다. 그렇다고 이모부가 나를 혼내거나 뭐라고 한 적은 한 번도 없었다.

다음 날부터 전학 간 학교로 등교했다. 내가 원래 다니던 왕남초등학교는 한 학년에 반이 2개인 아주 작은 학교였다. 전학 간 북성초등학교는 한 학년 반이 8개인 꽤 큰 학교였다. 왕남초와는 분위기가 너무 달랐다. 이모네 집에 살게 된 일과 전학 간 학교에서의 생활은 그저 낯설기만 했다. 나는 원래 말이 없었는데 점점 더 말수가 줄기 시작했다.

아빠 소식이 궁금했다. 아빠가 뭘 잘못했는지는 모르겠지만 엄마에게 사과하고 다시 판교 집으로 돌아가는 게 소원이었다. 1년이 지나도록 아빠에게서는 연락이 없었다. 이듬해 크리스마스에 이모 집 대문 앞에 미미 인형과 48색 크레파스가 놓여 있었다. 몰래 가져다 놓은 아빠의 선물이었다. 아빠에 대한 그리움은 커졌지만, 이모네 더

부살이도 점점 익숙해지는 어느 날이었다. 이모네 가게에서 플라스틱 의자에 앉아서 이모가 쪽파를 다듬을 때였다. 나는 나도 모르게 속마음을 말해 버렸다.

"이모, 이모부는 왜 나를 싫어할까?"
"원래 말이 없어서 그렇지, 그런 거 아냐."
"이모부는 나를 볼 때 화난 표정 같아."

이 세상에서 가장 어려운 것은 무엇일까? 바로 어린이의 마음을 얻는 것이다. 어린이들은 본능적으로 자신을 좋아하는지 싫어하는지 금방 안다고 한다. 어릴 적 나는 이모부가 살짝 싫었다. 어쩌면 이모부가 싫었다기보다는 아빠를 영영 만나지 못할까 봐 두려웠다는 게 더 정확한 표현일 것이다.

어린 시절 나는 다른 사람보다 타인의 감정을 빠르게 살피고 민감하게 반응하는 편이었다. 때로는 모르고 지나가야 할 감정까지도 느껴서 혼자 마음 아파한 적도 많다.

때로는 주변 사람들의 마음을 먼저 읽고 공감해 주기도 했다.

오후 1시면 공부방 아이들이 몰려온다. 공부방 수업 전에 빈 교실에서 큰 소리로 외쳐 본다.

"얘들아, 어서 와."

목소리를 한 단계 더 올려서 소리쳐 본다.

"얘들아, 어서 와!"

교실 문을 열고 아이들이 하나둘 들어올 때 아이들 표정을 제일 먼저 살핀다. 나를 만나는 아이들의 기분이 어떤가에 따라 나의 수업 분위기는 달라지기 때문이다. 1년 365일이 매일 행복할 수 없겠지만 적어도 나와 수업하는 날만큼은 아이들이 즐거웠으면 좋겠다.

얼마 전 신입생으로 초등학교 1학년 학생이 들어왔다. 그 아이의 마음을 얻기 위해 나는 매일 거울을 보고 웃는 연습을 한다. 돌이켜 보면 지금 내 나이가 딱 내가 초등학교 2학년 때 우리 이모부 나이다. 그때 이모부는 나에게 큰 소리 한 번 지른 적 없는데 나는 이모부가 나를 싫어할지도 모른다고 생각했다. 가만 생각해 보면 이모부의 표정을 보고 그런 생각을 했던 것 같다. 표정은 감정을 담는 그릇이다. 그렇다면 우리 공부방에 오는 아이들에게 보이는 내 마음은 표정에서부터 나온다는 의미다.

선생님이 얼마나 관심을 주는지 아이들은 금방 안다. 어린 시절 특별히 나를 예뻐해 주신 분을 떠올려 보자. 만약 그분이 내 앞에 나타난다면 나는 어떤 표정이 될까? 지금은 마음에 빗장을 걸고 사람들과 거리를 두어야 편하게 느끼는 어른이 되었지만, 아마 바로 무장해제가 되지 않을까. 그런 마음으로 늘 아이들을 대하고 싶다. 아이들이 문을 열고 들어오는 순간부터 문을 열고 나가는 순간까지 미소가 떠나가지 않도록 관심과 사랑을 주고 싶다. 그것이 수업보다 더 중요한 일임을 나는 몸으로 알기 때문이다.

• 김수진 원장이 전하는 학원 브랜딩 꿀팁 3 •

학원장이기 이전 과외 선생님이나 학원 강사부터 시작한 때를 떠올려 보자. 수많은 직업 중에서 가르치는 일을 선택했다면 아이들을 사랑하는 마음이 먼저였을 것이다. 학원장의 하루는 바쁘다. 365일 24시간이 모자란 사람이다. 사랑으로 아홉 번 대하다가 딱 한 번 내가 피곤하다는 이유로 무표정이나 사무적인 어조로 아이들을 대한다면 아이들은 금방 알아차린다. 사랑이 많고 애정이 넘치는 원장님이라면 아이들이 먼저 찾는다. 또 강사와의 문제가 생기더라도 원장님에 대한 신뢰로 아이들은 원장님의 말을 믿고 기다린다. 학원에서 생기는 다양한 문제를 해결하는 역할을 맡은 원장이라면 반드시 아이들의 마음을 사로잡아야 한다. 퇴원생을 막는 가장 좋은 방법이기 때문이다.

4. 공부방 홍보 마케팅 방법 – 오프라인

아이들의 마음을 얻었다면 이제 본격적인 공부방 홍보 마케팅에 관해 연구할 차례다. 아이들의 마음을 얻어야 하는 것을 먼저 이야기한 이유는 그것이 공부방 원장의 첫 번째 실력이 되기 때문이다. 아이들을 사랑하고 지지해 주는 진실한 마음이 없다면 공부방 원장으로서의 자격이 부족하다고도 할 수 있다. 홍보 마케팅은 실력을 갖추었을 때 위력을 발휘한다. 화려하게 그럴듯한 마케팅을 한다고 해도 진짜 실력이 없으면 효과가 나타나지 않는다. 광고비만 낭비할 뿐이다.

공부방 홍보 마케팅은 다양하다. 먼저 오프라인 마케팅

과 온라인 마케팅 두 가지 중 오프라인 마케팅에 대해 알
아보자.

① 전단 홍보하기

미리캔버스나 망고보드, 캔바 등을 활용해서 누구나 전
문 디자이너 못지않게 멋진 전단을 만들 수 있다. 과거에
는 업체에 제작부터 배포까지 맡기는 경우가 많았지만,
지금은 원장님들도 충분히 디자인 툴을 활용해서 직접 만
들 수 있다.

전단의 목적은 무엇일까? 여기서 전단을 뿌리는 목적과
전단 제작의 목적은 달라야 한다.

전단을 뿌리는 목적은 하나다. 공부방 이름을 알리고
공부방 원생을 모집하는 것이다. 단순한 목적과 간단한
내용이지만 짜임새 있게 A4용지에 담기는 몹시 어렵다.
TV에 흘러나오는 30초 광고를 생각해 보면 그 이유를 알
수 있다. 대기업에서 만든 유명 제품은 광고하지 않아도
충분히 잘 팔림에도 불구하고 끊임없이 광고한다. 광고
목적이 단순하게 물건을 판매하는 것에만 있지 않기 때문

이다. 작게는 브랜드를 알리는 것이고 크게는 기업 전체 이미지를 소비자에게 각인시키는 것이다.

그렇다면 공부방 전단은 어떻게 제작해야 할까? 먼저 동네 공부방 이미지를 벗어 버려야 한다. 전문적인 모습을 전단지 하나만 봐도 알 수 있게 만들어야 한다. 예를 들면 전단에 어디서 많이 본 듯한 문구를 쓴다면 그 전단은 버려질 가능성이 크다. 적어도 누군가의 시선을 사로잡을 문장 하나 정도는 고민해 보고 써야 한다. 내 공부방을 한 문장으로 나타내면 무슨 말을 쓸까에 대해 고민해 보는 것도 좋다.

세상은 변화한다!

그러나 책 읽기의 중요성과
글쓰기 능력을 요구하는 것은 변함없다.

"자신의 생각을 말과 글로
제대로 표현할 줄 아는 아이로 키우겠습니다."

이런 문구를 쓰고 학생 모집에 대한 안내문이 나간다면 어떨까?

아이가 평소 책을 읽지 않아서 고민이거나 학교에서 글쓰기 때문에 스트레스받는 아이의 고민을 들은 엄마들이라면 한 번쯤 관심을 가질 내용일 것이다. 내가 가르치는 과목과 학부모의 요구, 현재 학생들이 겪는 어려움 등을 떠올려 본 후 문구를 만든다면 좀 더 효과적인 전단 문구를 만들 수 있다.

② 아파트 게시판에 광고하기

아파트 게시판 광고는 아파트 관리실에 전화를 걸어서 게시판 광고 규정과 게시 기간에 따른 비용을 문의하고 광고를 집행하면 된다. 전단 작업을 하면서 게시판 광고할 내용도 함께 준비하면 따로 문구를 작성할 필요 없이 홍보가 가능하다. 대부분 학부모는 하교한 아이들과 집으로 가면서 아파트 복도나 엘리베이터 내부 게시판을 한 번씩 보기 마련이다. 이때 학부모가 마침 아이의 학습에 대한 고민이 있다면 그 광고는 광고가 아닌 최적의 정보로 인식될 수 있다. 그냥 지나가며 보는 것만으로도 공부방 이름을 홍보할 좋은 기회니 적어도 일 년에 두 번 이상 광고하는 게 좋다. 비용은 일주일에 5만 원~8만 원 사이로 아파트마다 전단 게시 비용은 차이가 있다. 거주자의 경우 광고비 할인이 될 수 있다. 자세한 사항은 아파트 관리실에 문의해야 한다.

③ 학교 앞 전단 나눠 주기

학교 앞 광고도 시기별로 하면 원생 모집에 도움이 된다. 학교 앞에서는 전단만 나눠주면 받지 않거나 받더라도 버려지는 게 많다. 더 많은 사람에게 홍보하려면 예산에 맞는 작은 홍보용품을 함께 가지고 나가는 게 좋다. 예를 들면 날씨가 더울 때는 부채가 좋고 비가 올 때는 일회용 우비나 우산도 좋다. 또, 종량제 봉투나 간식과 전단 등을 담아서 학부모와 학생 모두가 만족하는 홍보 전단을 준비하는 것도 좋다. 낯가림이 있고 처음 보는 학부모에게 어떻게 다가갈지 두려운 초보 원장이라면 낮은 플라스틱 의자를 놓고 바구니에 홍보물을 넣은 후 하교 시간에 학교 앞에 두는 것도 좋다. 학교 앞 길목에 놓고 정해진 시간에 수거하고 주변 쓰레기만 정리한다면 크게 문제 될 일이 없다.

④ 현수막 광고하기

현수막 광고는 반드시 지정 게시대에 해야 한다. 지역별 옥외광고협회에 연락한 후 게시판 위치와 현수막 가격, 현수막 크기 등을 조율한 후 개첨 신청을 해야 한다. 제작된 현수막을 일주일 전까지 협회에 보내야 한다.

내가 거주하는 서울시 노원구 상업용 현수막 게시 방법은 다음과 같다.

① 노원구청 홈페이지에서 종합민원
② 민원 신청
③ 상업용 현수막 신청하기
④ 위탁관리업체 홈페이지 접속 (지자체별 상이)

현수막 신청 기간

게시일 : 상반기(매일 1일~15일), 하반기(매일 16~30일)

신청 기간 : 수시 접수(선착순)

상반기 신청 : 게시 전월 1일~30일

예) 원하는 게시일이 5월 상반기인 경우 : 4월 1일 ~
4월 30일

현수막 제작 및 탈 · 부착 비용 (15일) : 139,800원(VAT
포함)

관할 부서 : 콘텐츠 관리부서 도시경관과

그렇다면 현수막 광고는 왜 하는 것일까?

앞서 말한 다른 광고 방법에 비해 비용이 비교적 저렴하다. 현수막 광고는 눈에 확 들어오는 단어 몇 개만으로 홍보가 가능하다. 사람들이 많이 다니는 길목에 현수막이 걸리면 학부모들이 볼 가능성이 높으므로 1년에 2회 정도 현수막 광고를 추천한다.

⑤ 아이엠스쿨

아이엠스쿨은 650만 학부모님들이 사용하는 애플리케이션이다. 월간 사용자 200만 이상의 플랫폼으로 학교 소식부터 학원 소식까지 흩어져 있는 교육 정보를 한눈에 볼 수 있다. 학부모는 학교에서 올린 가정통신문이나 공지 사항을 확인한다. 학교 정보를 확인 후, 다양한 교육정보 콘텐츠를 검색한다.

그렇다면 아이엠스쿨 앱과 학원 홍보는 어떤 연관이 있을까?

아이엠스쿨 앱 홈 화면에 주변 학원 추천 기능과 교육시설 카테고리를 통해 또래 아이들은 어느 학원을 다니는지 추천 학원 기능을 통해 알 수 있다.

아이엠클래스의 우리 학원 운영 서비스 페이지에 학원정보를 입력하고 사업자등록증을 올리면 학원 무료 홍보 기능만으로도 365일 무료로 학원 홍보가 가능하다. 학원

근처 학교에 학원 홍보를 적극적으로 하고 싶다면 맞춤형 홍보를 유료로 진행할 수 있다.

맞춤형 홍보는 지역, 과목, 연령, 시간표, 위치 등과 같은 상세 조건으로 학원을 찾는 학부모님에게 맞춤형으로 노출된다. 주요 정보 게시글과 사진, 동영상 등으로 효과적인 광고 집행이 가능하다.

2023년 5월 기준 아이엠스쿨 누적 가입 학원 수는 26만 550개 이상이다. 학부모가 있는 플랫폼이라면 학원 홍보로 그보다 좋은 곳은 없다. 그렇다면 나만 아이엠스쿨 무료 광고를 하지 않을 이유는 없다. `

⑥ 신한 MySHOP Partner

'MySHOP Partner'란? 소상공인 · 개인사업자의 매장 운영에 필요한 매출관리, 직원관리, 사업자대출, 매장홍보 및 매장광고 등 다양한 서비스를 제공하는 소상공인 상생 플랫폼이다.

QR코드를 스마트폰으로 스캔하거나, 구글플레이 또는 앱스토어에서 '신한카드 MySHOP Partner'를 검색 후 App을 설치한다. 신한 마이샵 메인 화면에서 [서비스 가입]을 선택한 후, 사업자등록번호와 가맹점 번호를 등록한다. 마이페이지에 매장명, 업종, 전화번호, 주소, 영업일, 영업시간, 상품 등 가게 정보와 매장소개를 입력한다.

그렇다면 신한 'MySHOP Partner'로 어떻게 학원을 홍보할까?

❶ 할인쿠폰 만들기

매장 홍보 및 매장 광고 중 할인쿠폰 발행 기능이 있다. 할인쿠폰 비용은 전액 신한카드에서 지원한다. 학부모는 학원 결제 시 신한캠퍼스 학원 검색 결제서비스에서 수업료를 결제하면 쿠폰 적용 후 수업료를 할인받을 수 있다.

❷ 신한 캠퍼스 카드 추가 할인 안내하기

동시에 신한캠퍼스를 경유해서 신한캠퍼스 카드로 결제 시 2만 원(최대 10%) 결제일 할인이 가능하다. 고객의 입장에서는 교육비를 할인받아서 좋고 가맹점 입장은 학원 홍보를 목적으로 발행한 쿠폰을 카드사에서 지원받아서 좋다.

⑦ 롯데카드 로카 Selly

로카 Selly 메인 화면에 내 가게 매출을 누르면 내 가게 현황과 매출 올리기를 찾을 수 있다.

애플리케이션에서 스크롤을 내리면 매출 올리기를 누르면 할인쿠폰 만들기와 내 가게 홍보하기 기능이 있다.

❶ 할인쿠폰 만들기

롯데카드 사용자 370만 명에게 5%에서 30% 쿠폰을 발행할 수 있다. 홍보 인원과 홍보 기간을 사업자가 직접 설정할 수 있다. 로카 Selly 알림(PUSH)기능만으로도 롯데카드 사용자 학부모에게 충분히 학원 이름을 홍보할 수 있다. 이때 학부모가 롯데카드로 수업료를 결제시 자동으로 할인이 적용된다. 재원생 대상 이벤트와 신규 학부모 유입이 모두 가능한 이벤트로 활용하기 좋다.

2023년 12월 1일(금)~2024 5월 31일(금)까지 2만 원 쿠

폰 발행 시 롯데카드에서 쿠폰의 50%인 1만 원 지원하는 이벤트가 있다.

❷ 내 가게 홍보하기 기능

학원 주변 반경 1km 이내 롯데카드 고객 1,000명에게 무료로 홍보할 수 있는 기능을 말한다. 이때 홍보 키워드는 사업자가 직접 설정할 수 있다.

예시) 브레인국어논술, 노원논술, 상계동논술 등 총 17글자 이내

❸ 오늘 학교

오늘 학교에 회원가입하고 사업자등록증을 올리면 학원 정보를 무료로 등록할 수 있다. 오늘 학교 앱에 등록된 학원이나 교습소는 네이버 검색창에 학원명이 검색된다. 학부모의 평점과 후기에 따라 학원 검색 탭에 인근 학교 추천 학원으로 선정되기도 한다. 학부모가 우리 학교 가입 시 자녀의 학교를 등록하면 학교 시간표와 급식 정보 및 학사 일정 정보가 제공된다. 또한 AI 학원 추천 서비스

기능으로 학원 추천까지 해준다.

• 김수진 원장이 전하는 학원 브랜딩 꿀팁 4 •

학원 마케팅에서 가장 중요한 건 그 안에 담긴 내용이다. 많은 원장님이 어렵다고 느끼는 부분 중 하나가 홍보 문구 즉, 초간단 카피라이트다. 사람들의 눈길을 사로잡는 홍보 문구를 쓰는 것도 중요하지만 그 안에 우리 학원만의 진실한 이야기가 담겨 있어야 한다.

예를 들면, ○○동 ○○학원 중3 신규생 더 이상 받지 않습니다. 이런 현수막을 걸었다고 가정하자. 중학교 3학년 학부모라면 그 문구를 그냥 지나치지 못한다. ○○ 학원 중학교 1학년은 모두 마감이라는 뜻이 담겨 있기 때문이다. 재원생과 학부모가 모두 만족해서 학생 이탈이 없는 '탄탄한 학원이구나'라는 것을 이 문구 하나만으로 알 수 있다. 초간단 카피라이트는 결국 우리 학원 스토리에서 만들어야 학부모의 시선을 머물게 하고 학부모의 발길을 우리 학원으로 돌릴 수 있다는 사실을 기억하자.

---

5. 잘 되는 공부방
특급 온라인 홍보 비밀

인스타그램 홍보하기

공부방의 주 고객은 30대~40대 학부모이다. 나이에 적
합하게 홍보하는 데에는 오프라인보다는 온라인이 효과
적이다. 우리나라 30대~40대가 가장 많이 사용하는 온라
인 채널은 무엇일까? 2020년 안드로이드 기준으로 1,149
만 명이 사용하고 30대 활동량이 1위인 채널은 인스타그
램이었다. 활성 사용자는 무려 440만 명이다. 40대에서는
네이버 밴드, 카카오스토리, 인스타그램을 합쳐서 266만
명이 온라인에서 활발하게 활동하고 있다. 유튜브를 빼면
인스타그램이 온라인 미디어 부문에서는 사용자가 최고

다. 인스타그램 하나만 잘해도 공부방 주 고객층인 30대~
40대 학부모님들에게 다가갈 기회는 늘어난다.

본격적으로 공부방 학생을 모집하기 위해서는 비즈니
스 계정을 만드는 것이 좋다. 사업자라면 개인 계정과 비
즈니스 계정을 따로 운영하는 것을 추천한다. SNS 공간
에서 중요한 것은 프로필이다. 프로필을 통해 그 사람이
어떤 사람이고 무엇을 좋아하는지 드러난다. 팔로우를 신
청할 때 프로필을 보고 하는 경우가 대부분이다. 인스타
그램을 시작하고 한참이 지났는데도 '좋아요, 댓글' 반응
이 저조하다면 프로필을 다시 작성해 보는 것도 좋다.

공부방 원장님들이 인스타그램을 해야 하는 이유는 다
음과 같다.
첫째, 잠재고객들과 소통하며 공감할 수 있기 때문이
다. 일반인을 인플루언서로 만들어 줄 수 있다는 것도 큰
장점이다.
둘째, 비용이 들지 않고 지속해서 글이나 영상을 꾸준

하게 올리면 나만의 플랫폼이 될 수 있다.

셋째, 인스타그램 프로필에 긴 URL 주소를 줄여주는 비틀리나 링크트리 등의 단축 URL 사용이 가능하다. 이는 클릭률을 높여주기 때문에 광고 효과가 더 크다.

넷째, 다른 SNS로 확장성이 큰 것도 장점이다.

네이버 스마트 플레이스

① 눈에 잘 띄는 온라인 간판, 네이버 스마트 플레이스

공부방의 경우 외부에 간판을 걸기도 어렵고 현수막이나 시트지를 부착하는 것도 쉽지 않다. 주거 공간의 일부를 따로 분리해서 운영하다 보니 공부방 홍보에 한계점이 있다. 원생 모집에 어려움을 느낀다면 네이버 스마트 플레이스가 좋은 해법이 될 수 있다. 네이버에 내 공부방을 노출할 수 있다. 스마트 플레이스의 최대 장점은 4천만 네이버 이용자를 대상으로 한다는 것이다. 무료라는 점도 큰 장점이다. 방법도 간단해서 네이버 스마트 플레이스에 신규 업체 등록하기를 하면 된다. 필요한 서류는 사업자등록증이다.

② 기본 정보 입력하기

스마트 플레이스의 기본 정보를 입력하고 나면 업체 정보 중 '우리 가게 사진 등록하기'라는 항목이 나온다. 사진은 매우 중요하다. 사람들은 이미지를 통해 많은 정보를 얻기 때문이다. 스마트 플레이스에 '어떤 사진을 대표 사진으로 설정할 것인가'에 대한 고민을 해 보고 올리는 것이 좋다. 내 경우 가장 반응이 좋았던 사진은 강의하는 뒷모습이었다. 각자 원장님의 개성이 다르니 여러 사진을 준비해서 주기적으로 바꿔보는 것도 좋다. 첫 번째 사진의 호감도에 따라 학부모님들은 스마트 플레이스를 클릭할 가능성이 높아진다. 클릭을 부르는 대표 사진 설정만으로도 충분히 학부모님들의 눈길을 사로잡을 수 있다.

② 상세 정보 입력하기

공부방 운영 시간과 시간표, 위치 등 학부모님들이 궁금해하는 내용을 올린다. 공부방 상담 시 필요한 정보를 미리 알려주면 학부모 상담을 할 때 기본 정보를 확인하는 시간을 아낄 수 있다. 또, 수업 과정이나 수업 피드백에 대한 블로그 글을 연동시켜 스마트 플레이스를 통해 좀 더 자세한 정보를 제공하면 학부모님들의 의사 결정 시간을 단축할 수 있다.

③ 스마트 플레이스 쿠폰 발행하기

스마트 플레이스 기능 중에서 '쿠폰 발행하기'가 있다. 스마트 플레이스 상단 쿠폰 발행 화면에 스마트 플레이스를 통해서 왔어요라는 문구를 삽입하면 된다. 쿠폰 발행을 통해 학부모님들이 어떤 경로로 나의 공부방에 오게 되었는지 알 수 있다.

④ 외부 매체에 스마트콜 활용하기

네이버 지도, 스마트 플레이스, 블로그 등에는 자동으로 스마트콜이 적용된다. 스마트콜은 네이버에서 제공하는 자동전화로 고객의 연락이 사업장 번호로 연결되는 서비스다. 하지만 네이버 외부 매체인 인스타그램 또는 전단 광고 등에는 스마트콜이 자동 적용되지 않는다. 스마트 플레이스 화면에서 스마트콜 카테고리를 찾고 매체 관리를 누른 후 사용 여부에 ON을 누르면 외부 매체에서도 스마트콜 기능을 사용할 수 있다. 스마트콜 통계 내역을 통해 어떤 매체를 통해 가장 많이 상담 문의가 왔는지 알아볼 수 있다. 내 지역에 알맞은 홍보 매체를 찾을 때 스마트콜 기능을 활용해 보자.

학부모님들이 네이버를 통해서 공부방을 알아보려고 할 때 어떤 키워드로 검색을 할까? 대개 네이버 검색창에 거주 'ㅇㅇ동 + 과목명'으로 검색한다. 그렇다면 검색을 통해 공부방을 찾는 학부모님들을 내가 운영하는 공부방으로 오게 할 수 없을까? 고객을 찾아가서 홍보하는 것이 아니라 고객이 직접 공부방을 찾아낼 수 있다면 얼마나 좋을까? 바로 스마트 플레이스를 적극적으로 활용하는 것이다. 네이버 스마트 플레이스를 제대로 구축해서 '해당 지역 + 과목명'을 검색할 때 첫 번째 페이지에 노출되면 그보다 더 큰 홍보 효과는 없다.

당근마켓으로 홍보하기

최근 '1인 1일 당근 시대'라는 말이 있다. 당근마켓은 동네 이웃끼리 중고 거래부터 동네 생활까지 함께하는 중고 거래 플랫폼이다. 나는 이케아 의자를 중고로 구매하려고 검색하다가 당근마켓을 알게 되었다.

당근마켓 앱은 사업자를 대상으로 비즈니스 계정을 만드는 기능이 있다. 비즈니스 계정을 열고 비즈 프로필을 만드는 것이 당근마켓 비즈니스의 시작이다. 전국 55만 개의 비즈니스 계정이 있다는 말은 당근마켓이 이미 거대한 마케팅 채널임을 알 수 있다. 현재 당근마켓 월 활성자는 1,800만 명이며 지난 4년 사이 월간 사용자 수는 56배 증가했다. 이용자 한 사람당 월평균 24회 이상 당근마켓 앱을 사용할 정도로 당근마켓은 이제 생활 속 깊숙이 들어왔다. 사람들은 당근마켓 동네 생활 게시판에서 다양한 정보를 주고받는다. 그중 옆집 엄마들끼리만 서로 알려주던 학원 정보 이야기도 빠지지 않는다.

처음 당근마켓 비즈니스 계정을 만들면서 엄마들의 궁금증을 먼저 파악하고 광고할 문구를 써 내려갔다. 비즈 프로필에 어떤 내용을 써야 할지 몰라서 이력과 경력을 위주로 내용을 채웠다. 광고를 조회하는 사람이 몇 명 생기기 시작했다. 내가 올린 광고 조회수가 늘어날 때마다 희망이 보였다. 광고 집행 시 비즈 프로필 대표 사진을 바꿔서 올려 보고 시간표를 올렸다. 매주 3일 간격으로 꾸준하게 광고했다.

드디어 첫 번째 당근 채팅을 받게 되었다. 몇 년이 지난 지금도 그 어머님의 닉네임이 생각난다. 당근마켓으로 첫 상담을 잡게 돼서 떨리는 마음으로 어머님과 대면 상담을 이어나갔다. 상담을 와 준 것만으로도 고마운 마음에 어머님의 말씀을 듣고 아이에 대해 상담을 했다. 바로 공부방 등록으로 이어지진 않았다. 하지만 그 어머님은 집으로 돌아간 후, 당근마켓에 상담 후기를 남기셨다. 학부모님들은 먼저 상담을 다녀온 분의 의견을 들어보고 후기가 좋으면 방문 상담으로 이어질 가능성이 높다는 사실을 알게 되었다. 당근마켓 방문 상담 시 상담 오신 학부모님들께 자녀의 학년에 맞는 어휘 문제집을 방문 선물로 드리는 이벤트를 진행한 적이 있다. 등록 여부와 관계없이 '내 집에 온 손님이다'라는 마음으로 학부모님들을 대했다. 당근마켓으로 학부모님이 방문하셨더라도 결국 상담할 때 원장의 태도가 굉장히 중요하다. 학부모님의 말을 잘 들어 주고 적절한 피드백을 드리는 상담이 필요하다. 학부모님들에게는 소중한 내 아이를 맡기는 일만큼 중요한 일이 없기 때문이다.

공부방을 운영하다 보면 많은 학부모님이 자녀에 대한 걱정을 한가득 안고 오신다. 그때 학부모님들의 가려운 곳을 긁어 주고 답답한 마음을 읽어 주려고 노력한다. 불안한 마음은 집어던지고 공부방 선생님과 함께 아이의 미래를 설계할 수 있도록 같이 해 나가자고 말씀드린다. 당근마켓 홍보로 만난 학부모님을 등록시키는 영업 특급 기밀이 바로 이것이다.

• 김수진 원장이 전하는 학원 브랜딩 꿀팁 5 •

브레인학원 마케팅을 운영하며 학원 컨설팅을 할 때 가장 많이 받는 질문은 "어떤 방법으로 가장 학생을 많이 모을 수 있을까요?"라는 질문이다. 그럴 때 내 대답은 다음과 같다. "할 수 있는 모든 방법을 다 시도해야 합니다."라고.

위에 제시한 온·오프라인 홍보 마케팅은 유기적으로 맞물려 있다. 이제 학원을 고르는 학부모는 한 가지 요소만 보고 결정하지 않는다. 소개로 온 학부모라고 할지라도 인터넷에 올라온 다른 학부모의 리뷰를 읽어보고 의사 결정을 할 수 있다. 때로는 인터넷으로 검색해서 상담까지 왔더라도 주변 학부모에게 묻기 위해 네이버 카페 이웃톡이나 네이버 카페 게시글에 질문을 하고 동네 커뮤니티에서 학원에 대한 정보를 수집하기도 한다. 그렇다면 학원 홍보 마케팅은 어떻게 하면 좋을까? 학부모가 학원에 대한 정보를 검색할 때 최대한 많은 정보를 제공하고 온·오프라인에서 찾아볼 수 있도록 해야 함을 잊지 말자.

6. 마케팅으로 성공한 학원 컨설팅

세 번의 공부방 창업, 교습소와 학원 운영까지 올해로 딱 21년이 되는 해이다. 강사 시절 가장 힘든 점을 꼽으라 면 누구도 학원에서 슬기로운 강사로 살아가는 법을 알려 주지 않았다는 점이다. 학창 시절 선생님의 말씀이 떠오 른다.

"사회에 나가 봐라. 누가 알려 주나."

이 말을 들었을 때는 전혀 공감가지 않았다. 막상 현장 에서 일할 때 누가 나에게 좀 알려줬으면 하는 일이 생겨도 물어볼 곳이 마땅히 없었다. 누군가 내가 하는 일이 궁금하다면 알려 주는 사람이 되고 싶었다.

2020년 신학기 무렵 교습소를 운영할 때였다. 우연한 기회로 들어간 오픈 카톡방의 이름은 '학원모'이다. '학원모'에는 전국의 수많은 원장님이 있다. 처음엔 나도 일반 회원으로 카톡방에 참여했다. 누군가 궁금한 점이 있어서 올리면 읽어 보고 내가 아는 내용에 대해서 답을 하는 정도로 활동했다. 그러던 중 누군가 왜 이렇게 친절하게 답변을 달아 주냐고 물었다. 난 뭐든 궁금하면 잠을 못 자는 성격이다. 그래서 누가 무엇이 궁금하다고 하면 그걸 또 알려 줘야 직성이 풀린다.

한참 교습소 운영이 어렵다가 온라인 마케팅으로 동네에서 원생을 50명 이상 모았다는 이야기를 들은 원장님들은 나의 이야기에 관심을 보였다. 물론 그들은 나보다 훨씬 더 큰 학원을 운영하거나 더 많은 경험이 있는 분들이었다. 동시에 빠르게 변하는 환경에 발맞춰 다양한 온라인 홍보 마케팅을 배워야 한다는 사실에 공감했다. 학원 원장의 하루는 생각보다 바쁘다. 오후부터 저녁까지 수업으로 점심과 저녁을 챙길 여유가 없을 때도 많다. 그렇게 하루 24시간을 쪼개서 쓰는 사람들이 SNS에 많은 시간을 투자하는 것은 어리석다고 생각하는 분들도 많다. 물론 SNS를 보다가 정말 해야 할 중요한 일을 놓친다면 문제가 된다. 하지만 이미 많은 사람이 스마트폰으로 대부분의 활동이 가능해진 시대인 오늘날 온라인과 모바일은 선택이 아닌 필수다.

온라인 마케팅이 너무 막막하다고 수업 요청을 한 원장님들이 있었다. 처음에는 재능기부로 강의를 시작했다. 아무리 마케팅에 대해 알려줘도 바로바로 아웃풋이 나오지 않았다. 강의만으로는 안 된다는 생각으로 프로그램을 만들고 10명 내외의 원장님들과 한 달간 챌린지를 이어갔다.

혼자서 온라인에 글을 쓰는 건 며칠 하다가 그만둘 가능성이 있으니까 10명의 원장님이 함께 친구 추가하고 댓

글을 주고받으며 서로 응원하며 한 달간 온라인에 글쓰기 챌린지를 이어갔다. 처음에는 '이렇게 한다고 학원 문의를 할까?'라며 의심하던 원장님들이 대부분이었다. 챌린지가 끝날 무렵 SNS 조회수가 올라가고 검색창에 학원 이름이 상위 노출되니 원장님들에게는 작은 변화가 일어났다.

블로그와 당근마켓을 보고 학부모 상담이 왔다고 기뻐하는 원장님들의 카톡을 받게 되었다. 내가 경험한 것을 다른 원장님들께 그대로 알려드린 것뿐이었다. 그때부터 나는 원장님들의 퍼스널 브랜딩에 대해 관심 갖게 되었다. 원장님의 교육 철학과 가치관을 글로 전달할 수 있다면 얼마나 좋을까? 학부모와 상담으로 이 모든 것을 다 보여 줄 수 없다. 학원 운영을 10년 했다고 치면 10년의 역사는 소중한 기억과 졸업생들이라는 보석으로 빛나겠지만 정작 신규 상담 학부모님들은 그 내용을 알기 어렵다.

스토리텔링 기반의 SNS를 활용해서 평소에 생각하는 내용을 기록으로 남기는 게 중요하다고 생각한다. 내가 만약 내 아이를 맡긴다면 어떤 선생님에게 맡기고 싶을까? 이 생각을 수십 번도 더 했다. 공부를 잘 가르치는 선생님도 훌륭한 선생님이겠지만 아이와 함께 있는 시간이 많은 어른이기에 아이에게 긍정적인 영향을 줄 수 있는 태도와 자세를 가진 선생님에게 자녀 교육을 맡기고 싶을 것이다.

학원 온라인 컨설팅한 사례 중 기억에 남는 경우 세 분을 소개하려고 한다.

서울 잠실의 C 원장님

C 원장님을 직접 만난 적은 없다. 그 이유는 그분의 아내가 직접 남편을 도와 온라인 마케팅을 하겠다고 연락이 온 것이다. C 원장님은 고등부 수학까지 1인 학원을 운영하는데 수업에만 집중할 뿐 그 외 상담 등은 전부 아내가 한다고 했다. 원장님의 수업을 홍보해야 하는데 막막하다고 해서 한 달간 챌린지를 함께 했고 이후 원생이 늘었다는 소식을 전해 왔다.

경기도 광주의 S 원장님

S 원장님은 15년 학원 경험이 있는 베테랑 원장님이었다. 분당 지역에서 과외할 때도 꽤 인기가 많은 강사였다고 한다. 실제로 그녀는 수업과 운영 모두 꼼꼼하게 잘 해내는 원장이었다. 문제는 이사를 하고 낯선 동네에 학원을 열었는데 규모가 큰 어학원임에도 원생이 50명을 넘지 않아서 속앓이 중이었다고 한다. 같은 프랜차이즈 원장님의 소개로 SNS 학원 홍보하기 수업을 듣고 원생이 100명 이상 늘어서 건물을 증축하고 학원을 넓혔다고 했다.

서울 중계의 M 원장님

원장님을 처음 알게 된 것은 네이버 교육맘 카페에서였다. 워낙 실력파 원장님이기에 온라인 홍보 없이도 원생이 꾸준히 늘어나고 있는 작지만 강한 학원이었다. 원장님은 온라인 홍보가 굳이 필요할까 싶었다고 했다. 우연히 블로그 무료 특강을 듣고 나와 함께 챌린지를 하기로 했다고 한다. 챌린지가 끝나고 2주 만에 15명의 원생이 상담 후 등록으로 이어지는 등 온라인 홍보의 효과를 제대로 본 경우다.

　지금까지 300여 개의 학원을 컨설팅한 결과 실력 있는 동네 거점 학원 중에서 자본력 있는 대형 학원에 밀리는 경우를 많이 봤다. 수업만 잘하면 되는 시대는 끝났다. 이제 내가 가진 것을 소비자에게 제대로 보여 줘야 선택받을 수 있는 시대다. 교육 서비스도 마찬가지다. 학원업을 하는 사람들이라면 반드시 온·오프라인 홍보법을 동시에 잘 운용해야 함을 기억하자.

• 김수진 원장이 전하는 학원 브랜딩 꿀팁 6 •

강사는 수업에 집중하고 원장은 운영에 집중해야 한다. 원장이 수업이 많은 경우 운영에 소홀할 수 있다. 가르치는 것과 학원 경영은 전혀 다른 분야임을 빨리 깨닫는 원장일수록 그 학원은 성장한다.

만약 내가 부족한 부분이 있다면 동료 원장들과의 건강한 커뮤니티를 통해 배우는 것도 필요하다. 오픈 카톡방이나 소모임 앱 검색창에 '학원'이라고 검색하면 지역 모임과 과목 모임 등 다양한 원장 모임이 있다. 좀 더 전문적인 학원 경영을 배우려면 대학교 부설 최고위 과정과 학원 대학교 블루타이 강의를 들어보자. 원장님의 성향에 맞는 곳을 찾아 원장 역량 강화 과정을 통해 경영 시야를 넓히는 것이 필요하다.

7. 창업, 이것만은 꼭 기억하라

　대학 시절 과외 경험이 있거나 학원 강사 경력을 살려 공부방 창업에 도전하는 사람이 많다. 결혼과 육아로 경력 단절된 여성이라면 소자본으로 안정적인 수익을 낼 수 있는 공부방 창업은 꽤 매력적이다. 공부방은 방 한 칸만 있다면 거주하는 집에서 운영할 수 있어 일과 육아를 동시에 할 수 있다. 나 또한 그런 이유로 삼 남매를 키우며 거주하는 집 방 한 칸에서 공부방을 열었다.

　문학 전공자라는 타이틀과 학원 강사 14년 경력을 내세우면 가능성이 충분하겠다고 생각했다. 아파트 커뮤니티

카페에서 공부방 설명회를 열었다. 감사하게도 4명의 씨앗 회원이 모집되어 수업을 시작하게 되었다. 이제는 묵묵히 수업만 열심히 한다면 자연스럽게 수업에 대해 알려져서 우리 집이 학생들로 꽉 차게 될 것이라는 행복한 상상을 했다. 하지만 그 상상이 얼마나 안이한 것이었는지를 아는 데는 1년이 걸리지 않았다. 4명의 씨앗 회원 이후 죽죽 잘 올라가던 학생 수가 20명에서 멈춘 채 더 이상 신규 학생 유입이 없자 그 원인이 알고 싶었다. 가장 먼저 다른 공부방은 어떻게 운영되는지 궁금해졌다. 다른 곳의 상황과 정보를 얻기 위해 각종 SNS의 글을 읽기 시작했다.

잘되는 공부방 원장님이 쓴 글을 읽어 보고 깜짝 놀랐다. 그들은 수업 연구뿐 아니라 홍보부터 마케팅까지 전문가 수준으로 해내는 것은 물론 동네 공부방 마인드인 나와는 달리 1인 기업가 자세를 갖추고 있었다. 나와 가장 크게 차이가 나는 부분은 홍보와 마케팅에 있었다.

교습소나 학원은 멀리서 보이는 간판을 걸 수 있다. 공부방은 현관문에 건 현판 하나가 고작이다. 잠재 고객이 공부방에 찾아올 수 있게 만들려면 공부방 마케팅이 필수다.

학부모들 사이에서 잘되는 공부방으로 알려진다면 가르치는 일에 더 충실할 수 있고 광고와 홍보에 들이는 힘을 좀 더 뺄 수 있다. 그렇게 되기까지 온 · 오프라인 가리지 말고 전투적인 자세의 마케팅 접근이 필요하다.

그렇다면 공부방 마케팅은 어디서부터 시작해야 할까?

작년 공부방 컨설팅 과정에서 한 원장님께 나는 이런 질문을 던졌다.

"원장님, 공부방 창업할 때 가장 중요하게 생각한 부분이 있나요?"

원장님은 단 1초의 망설임도 없이 답했다.

"입지요. 주변 학교와 아파트 세대수 보고 창업했어요."

공부방 창업할 때 고려하는 요소 중 하나가 입지다. 물론 입지는 굉장히 중요하다. 하지만 공부방에 보내는 학부모 입장은 이떨까? 초등 저학년이라면 모를까 도보 통학이 가능하다면 공부방 선택을 입지만으로 결정할 수 없다.

그렇다면 본질적인 질문을 자신에게 던져야 한다. 내가 공부방을 창업하는 근본적인 이유는 무엇인가? 나는 공부방을 통해 아이들에게 무엇을 줄 수 있는가! 명확한 교육철학을 세우지 않고 창업하는 것은 그 공부방만의 특별한 매력을 보여 주기 어렵다. 나만의 특별한 강점을 찾는 것이 성공의 요인이었다.

공부방 원장으로서는 학부모 사이에서 입소문이 나는 것이 가장 바람직하다. 그렇다면 입소문은 어떻게 날까? 학부모 사이의 입에서 입으로 전달되기도 하고 SNS를 통한 질문과 답변을 통해 전해지기도 한다. 이때 강사의 실력, 강의 경력, 학력, 커리큘럼, 학생 관리 능력, 학부모와 의사소통 능력, 학생과 강사의 유대감 등 다양한 요소가 있다. 그중 학부모의 니즈와 맞는 해당 공부방만의 탁월함이 있어야 한다.

이런 내용을 광고나 상담을 통해 알리는 것은 한계가 있다. 그렇다면 이제 막 창업한 원장이라면 어떻게 나만의 공부방의 장점을 보여 줄 것인가? 단 한마디로 정리한다면 스토리텔링이라고 말하고 싶다. 다양한 SNS 플랫폼을 통해서 잠재 고객에서 정보성 글과 더불어 공부방에 대한 이야기를 자연스럽게 녹여서 글로 표현해 보는 연습이 필요하다. 이 글이 모인다면 내 공부방만의 특급 메뉴가 된다.

　공부방 창업부터 교습소 폐업 그리고 재도약 창업까지 내 경험을 살려 작년 6월 『1인 기업, 두 번째 커리어』라는 공저를 출간했다. 이 책을 본 의정부 YWCA 새일센터의 요청으로 S 프랜차이즈 공부방 원장님 세 분을 컨설팅한 적이 있다.

　내가 만난 원장님은 모두 자신만의 무기를 가진 실력 있는 분이었다. 이미 가지고 있는 자신의 장점을 잘 보이는 그릇에 담아서 내놓는다면 많은 학부모가 좋아할 만한 요소였다. 그럼에도 장점을 전면으로 내세우지 못하고 우직하게 가르치는 일에만 몰두하고 있었다. SNS에 공부방을 효과적으로 알릴 방법으로 블로그 마케팅과 당근마켓 마케팅에 대한 실무를 알려 줬다.

공부방을 운영하는 원장님이라면 셀프 브랜딩을 통해 강점을 먼저 찾기를 바란다. 강점이 무기가 되도록 알리기 위해 지금 당장 가장 자신 있는 SNS에 자신만의 채널을 만들자. 지금까지 아이들을 위해 최선을 다한 당신의 열정을 혼자만 알지 말고 직접 소문내야 한다. 남들이 알아주기 이전에 내가 먼저 나를 알려라. 그게 바로 공부방 마케팅의 시작이자 끝판왕이다.

• 김수진 원장이 전하는 학원 브랜딩 꿀팁 7 •

잘되는 학원을 운영하기 위해 원장에게 꼭 필요한 필살기는 무엇일까? 대부분 그 답을 외부에서 찾으려고 한다. 나 또한 그런 시행착오를 거쳤다. 잘 되는 학원을 모방하기에 앞서 내 학원만의 차별화 전략을 정확하게 아는 것부터 시작하자. 그 시작점이 브랜딩이다. 최고의 브랜딩이란 결국 대체 불가능한 가치를 고객에게 준다는 의미다. 우리 동네 1등 학원은 소비자의 마음에 브랜딩을 심어 준다. 동시에 SNS 마케팅이 더해지면 성공적인 비즈니스로 이어진다는 사실을 잊지 말자.

에필로그

김지운 원장님

대한민국에서의 사교육 시장은 급격하게 변화되고 있습니다. 또한 정부의 사교육 규제, 학령인구의 감소로 인해 학원 운영은 갈수록 힘들어져 가고 있는 이 시점에서 같은 교육자 또는 사업가로서 작은 도움이 되길 바라는 마음으로 원고를 채워 나갔습니다.

오랜 기간 동안 원장이라는 자리에 있는 동안 누군가의 도움이 절실할 때가 많았습니다. 학부모, 학생들의 수업 퀄리티에 대한 기준은 높아지고 주변 옵션도 많아진 현실에서 더 이상 수업과 강사진만으로는 차별화시킬 수는 없

습니다. 나만의 브랜드, 나다움이라는 차별성으로 분명한
교육철학이 필요합니다.

여기 각기 각색의 4명의 원장의 진솔한 이야기가 있습
니다. 수업을 마치고 자정을 지나 녹초가 되어 퇴근하는
열정 가득한 원장님들, 그리고 선생님들에게 우리의 이야
기가 조금의 힘이라도 되길 바라봅니다.

좋은 교육은 한 사람의 인생을 바꿀 수 있다고 믿습니
다. 지금 이 책이 누군가에게는 희망과 용기가 되기를 바
랍니다.

김수연 원장님

이 책은 교육분야에서 창업을 하고, 열심히 나만의 브
랜드를 만들어 가고 있는 네 분의 스토리가 담겨 있다. 같
은 분야지만, 다양한 경험을 가진 교육전문가들의 시행착
오나 사례와 사연을 한 권의 책으로 만날 수 있다.

개원을 준비하거나 현재 교육 분야에서 일하고 있는 분들이라면 나의 브랜드를 가지고 나의 가치를 펼쳐보려고 한다. 하지만, 쉽사리 도전하지 못하는 것은 경험의 부재와 실패에 대한 막연한 부담감일 것이다.

공동 저서인『잘되는 학원, 브랜딩으로 승부하라』는 레드오션이라는 교육 시장에서 나만의 브랜드를 차별화와 전략화를 통해서 학원을 성장시킨 노하우와 강점들을 함께 나누고자 하였다. 우리와 같은 길을 걸어가고자 하는 분들, 또 우리와 같은 길을 걷는 분들, 마지막으로 우리 네 분의 공동 저자에게 응원과 용기를 주는 책이 되었으면 하는 바람이다.

이현진 원장님

각기 다른 지역에서 각기 다른 과목의 학원을 운영하는 네 명 원장들의 진솔한 경험담을 마주할 독자들에게 말하고 싶다. 주변을 둘러보자. 굳이 대치동까지 가지 않아도 된다. 내가 살고 있는 아파트 정문 앞만 나가 봐도 편의점보다 많은 업종이 바로 학원이다. 이렇게 치열한 현장이 사교육 시장이다. 하지만 내가 운영하고자 하는 학원의 방향성이 명료하다면 그때부터는 게임 오버. 이제부터는 될 때까지 실패와 성장을 거듭하며 포기만 안 하면 된다. 잘 가르치면 일타강사가 되고 잘 브랜딩하면 일타학원이 되는 것이다. 이제 내 학원이 어떤 이미지로 고객에게 전달되길 바라는지 마음을 먹어야 한다. 나의 학원은 다 원장인 내가 마음먹기에 달려있으니까. 모든 사업체의 운영자들이 그렇겠지만 학원의 대표는 외롭다. 하지만 여러분이 어제도 했고, 오늘도 하고 있으며 내일도 할 고민은 결코 여러분만의 것이 아니라고 위로하고 싶다. 사교육 시장에 몸담고 있거나 진입하려는 모든 이들이 도전 그 자체의 가치를 믿고 도약하여 내가 원하는 학원을 그려 낼 수 있기를 바란다.